KB127440

내면의 아이 돌보기

지은이

원종아

영남대 대학원에서 "성인 여성의 아동기 학대경험 변별도구로서의 '모자날씨
그림'(DWMC) 검사 개발"로 미술치료학 박사 학위를 취득하였다. 미술치료전
문가, 슈퍼바이저로서 미술치료 입문생들에게 도움을 주는 길잡이이며, 미술
치료연구소 '길'을 통해 마음 쓰린 사연과 위축되고 불편한 마음 이야기를 보
살피고 돌보는 일을 하는 임상가이다. 그리고 여전히 사람에 대한 측은지심
으로 더 많은 삶의 이야기를 배워가고 있다.

self art-therapy

나 혼자 미술치료

내면의 아이 돌보기

원종아 지음

동연

추천사

　현대를 살아가는 사람들은 물질적인 풍요로움 속에서 살아가지만 많은 사람들이 불안이나 소외감으로 심리적인 어려움을 겪고 있습니다. 그리하여 상담과 심리치료의 중요성이 인식되고 있으나 실제 상담을 받으려고 할 때는 거부감을 느끼는 경우가 많은 것 같습니다.

　한 개인이 어느 순간 어려움에 처해있더라도 인간은 자신의 문제를 스스로 인식하고 해결할 수 있는 능력과 가능성을 가진 존재입니다. 이들에게 보다 쉽고 안전하게 자신을 찾아가는 길을 안내한다면 스스로 내재된 힘을 발견할 수 있을 것입니다.

　이러한 측면에서 원종아 선생은 미술치료 현장에서 경험한 기법을 정리하여 스스로가 느끼는 어려움을 찾아 달랠 수 있도록 '내면의 아이 돌보기'라는 책으로 발간하였습니다. 원종아 선생은 조용히 성실하게 이 책을 준비하였고, 어렵게 그리고 조심스럽게 세상에 발걸음을 내디뎠습니다. 첫걸음을 시작한 원종아 선생께 진심으로 축하드리며, 선생의 용기와 노력에 박수를 보냅니다.

　이 책은 저자가 그 동안의 풍부한 임상경험을 바탕으로 미술치료 현장에서 활용하고 있는 기법을 중심으로 이루어져 있습니다. 총 30개의 활동을 크게 '나 알기', '가족관계 알아보기', '감정 다루기', '갈등 다루기', '희망 주기'로 다섯 개의 카테고리로 구성하고 있어 이 책을 접하는 분들이 자신을 성찰해 나가는데 좋은 길잡이 역할을 할 것입니다.

이 책을 통해 자신이 삶의 주인으로서 자신의 근원을 찾아보고, 자신 안에 살아 움직이는 감정들과 내재된 자신의 강점과 자원을 발견하는 의미 있는 치유의 시간이 되기를 바랍니다.

김갑숙

영남대대학원 미술치료학과 교수

"미술로 어떻게 치료가 되요?"

길을 가다 '미술치료'라는 문구를 보고 작은 아이가 엄마에게 묻는다.

"미술로 치료하면 주사 맞는 것처럼 아프지는 않잖아. OO이도 아프면 미술치료 받아 볼래?"

엄마와 아이의 대화를 들으면서 그저 배시시 웃음을 흘릴 수밖에 없었다. 대중매체며 뉴스보도에서 미술치료에 대한 이야기들이 가끔 노출되기도 하지만, 사람들은 단순히 미술과 치료라는 두 가지 의미의 합성어로밖에 생각해 주지 않는다. 그러나 미술치료는 그 이상의 의미를 내포하고 있다. 치료사와 내담자 그리고 미술이라는 활동을 통해 완성된 작품 이렇게 셋은 미술치료에서 아주 중요한 3요소이다. 셋 중 어느 하나도 부수적인 것으로 밀려날 수 없을 만큼 그 비중을 비교하여 다룬다는 것은 무의미하다. 그럼에도 미술치료에 대한 낯설음을 가지고 있는 일부 독자를 위하여, 활동을 통해 조금이나마 스스로 깨칠 수 있도록 기회를 주고자 무모함을 시도해 본다.

미술치료의 영역에서 치료사가 갖는 의의는 꽤 크다. 치료사는 그를 찾는 내담자가 일상에서 놓쳤던 의미 있는 존재로서 버티고 지지해주며, 스스로가 원하는 것을 무리 없이 찾아 나설 수 있도록 도와준다. 물론 그러한 치료사를 온전히 받아들일 때 치료의 효과는 더욱 클 수 있다. 그럼에도 불구하고 여기 작은 공간을 빌어 여러분 각자 스스로가 가지고 있다는 치유능력을 발휘하기 위한 도전을 해 볼 것을 제안한다.

저자는 이 책을 활용하고자 하는 독자가 가지고 있는 고통스러운 사연에 대해서 잘 모른다.

당신이 트라우마 사건으로 일상에 어려움을 가지고 있는지,

너무 어린 나이에 부모나 가까운 성인에게 어찌해 볼 수 없을 만큼 힘든 일을 겪었는지,

최근 사랑하는 사람이나 반려동물을 잃고 가슴 깊이 추억 앓이를 하고 있는지,

혹은 부모의 부정적인 피드백으로 부정적인 자기상을 가지고 있는지,

또는 우울감에 그럭저럭 버티고 있는 삶이 버거운지,

학교나 직장에서 따돌림을 당하고 사람들이 무서워 구석을 좋아하게 되었는지,

어른에 대한 불신으로 탈선을 선택하고 끝없는 비행길에 나섰는지….

때때로 사람들은 자신의 아픔을 심하게 앓으면서도 전문가의 도움받기에 주춤한다. 돈이 없어서, 사람을 못 믿어서, 움직일 힘이 없어서 등등 여러 이유들을 말하지만, 무엇보다도 의지가 생기지 않기 때문인 경우가 많아 보인다. 그런 분들에게 조금이나마 도움을 주고자 본 책을 만들게 되었다. 그러나 이 활동을 통해 조금이라도 일어설 힘을 얻는다면, 반드시 전문가를 찾아 본격적인 도움을 받을 수 있도록 스스로에게 허락하길 소망한다.

관악산 끝자락 연구소에서
원종아

차례

1부. 나 알기

2부. 가족관계 알아보기

'내면의 아이 돌보기' 활용방법

01 조용하고 안전한 장소를 찾아보자. 그곳은 어느 누군가의 방해로부터 자유롭고 안온한 곳이어야 할 것이다. 굳이 장소가 넓고 밝아야 할 필요는 없다. 단지 당신 자신의 몸을 앉히고, '내면의 아이 돌보기' 책 한 권을 놓을 수 있는 곳이면 적당하다. 장소가 지나치게 넓으면 당신은 본 활동에 쉬이 지치고 산만해질 수 있으니 적절한 장소를 섭외해야 할 것이다.

02 적당한 장소를 찾아 몰두할 수 있는 환경을 갖게 되었다면, 색연필이나 사인펜, 혹은 크레파스나 크레용, 파스텔 어떠한 그리기 도구라도 좋다. 당신의 기분과 감각에 맡겨 그날그날 다른 그리기 도구를 선택하여 작업할 수도 있다. '내면의 아이 돌보기' 책 옆에 당신이 선택한 그리기 도구를 나란히 놓아보자.

03 이제 당신은 혼자만의 여정을 떠나기 위해 자신에게 서약을 하라. "나는 나 자신에게 솔직할 것이며, 어떠한 표현도 의도하여 다른 분위기로 꾸미거나 변화시키지 않을 것이다. 그리고 있는 그대로의 나를 그대로 보아줄 것이다." 이러한 서약이 필요한 이유는 세상에서 가장 속이기 쉬운 사람이 바로 자기 자신이기 때문이다. 지금껏 그런 속임으로부터 자유로웠다고 말할 수 있는가? 그렇다면 당신에게 이 과정은 억지스럽고 불필요한 과정이 될 것이다.

04 장마다 제시하는 글을 잘 읽고, 당신의 느낌 닿는 대로 표현해 보라. 당신의 표현에서 색과 모양, 질감 등에 대해 주의를 기울여보자. 당신의 표현 중 특히나 마음에 드는 부분과 특히나 고치고 싶은 낯설거나 부끄러운 부분이 어느 곳인지도 잘 살펴보자. 그리고 그러한 느낌과 관련된 상황이나 인물에 대해

서도 생각해 볼 것을 제안한다.

05 당신의 완성된 작품을 가까운 곳에서 멀리 떼어 놓고, 한 발짝 물러서서 감상해 보자. 당신 앞에 있는 작품이 당신에게 들려주고 싶은 이야기가 무엇일까? 당신이 그 작품 속으로 들어간다면 어떤 느낌일까? 당신 앞에 놓인 그림에게 필요한 것은 무엇일까? 그림을 통해 당신이 얻은 것은 무엇인가? 당신 앞의 작품을 보며 어떤 느낌이 콩닥거리며 떠오르는가?

06 감상한 그림의 옆면에 멋진 화가처럼 당신도 '작품명'을 적어보자. 그림의 한쪽에 당신의 낙관을 찍는 것도 좋다. 화랑에 가면 작품명 아래 화가의 작품설명이 쓰인다. 당신도 그와 같이 해 보라. 그리고 작품을 완성한 날짜와 시간도 표기하라. 한 가지 작품을 여러 날에 걸쳐 완성하지 마라. 오로지 그 작품에 몰두하여 시작하고 완성하라. 중간 중간 일어나 설거지나 청소를 하거나, 커피를 마시거나 간식을 먹

는 행동 혹은 전화통화를 하는 일은 어리석어 보인다. 작품에 몰두할 수 있도록 핸드폰을 무음으로 설정해 둔다면 당신은 자신을 위해 제법 훌륭한 매너를 가진 사람일 것이다.

07 당신의 작품을 위해 조용한 음악이나 촛불의 도움을 받고 싶다면 그것도 당신을 이완시키는 하나의 방법이다. 그러나 음악을 선택할 때에 가사가 들어간 가요나 팝송, 랩 등은 삼가라. 가사 없는 조용한 악기 음악이나, 허밍 정도는 괜찮다. 지금 당신의 작업에서 주가 될 것은 작품 활동과 당신의 마음가짐이다. 당신의 집중을 빼앗는 노래나 강렬한 향의 초는 도리어 당신이 할 활동에 방해요소가 될 수 있음을 명심하라.

08 오늘의 활동(조용한 곳을 찾아 솔직하게 표현한 작품에 제목과 내용을 쓰고 감상하는 작업 일체)이 끝나면 작업 이전의 당신과 크게 다르지 않다고 느껴질지라도 당신은 이미 조금 전 조용한 방을 찾기 이전의 모습과는

다른 사람이다. 조용히 눈을 감고 양손을 가슴에 모으고 들려주라. 당신이 얼마나 몰두했었고, 대견하게 마쳤는가를. 그리고 한 손을 머리에 올려 조용히 쓰다듬으며 나지막이 들려주라. "괜찮아. 잘했어. 사랑해." 당신의 목소리가 당신의 가슴과 당신의 배와 당신의 차가운 머리에 전달되게 진심을 다하라.

09 매 순간 진심을 다하는 당신을 발견하게 될 것이다. 그리고 당신은 조금씩 편안하고 웃는 날도 늘게 될 것이라는 신념을 챙겨보자. 그렇게 조금씩 당신의 변화를 꿈꾸고 실천하는 당신은 참으로 멋지고 훌륭한 사람이다. 본 활동을 통해 당신 스스로가 어여뻐지기를 꿈꾸며, 내일도 그리고 그다음 날도 당신이 노력한 만큼만 바뀐다는 것을 기억하라.

10 30개의 활동이 가능하도록 준비했다. 하루에 한 장씩 한 달 작업분이 될 것이다. 그러나 매일 작업할 필요는 없다. 적어도 일주일에 한 번 정도 들여다보고 작업을 할 수 있도록 자신을 독려해 보자.

11 당신을 위한 최소한의 안전장치를 마련했다. 당신이 보호받고 싶다면 마련된 테두리 안에서 움직여 보자.

12 당신의 작품을 저자와 나누고 싶다면 저자의 이메일을 활용할 수 있다. 물론 당신이 작품에 임하는 모습과 작품을 완성해 가는 과정들을 모두 지켜볼 수 있어야 무언가 제대로 된 피드백이 가능할 것이다. 따라서 당신 작품 사진만 가지고는 한계가 매우 많다. 그럼에도 불구하고 당신의 활동을 나누고 싶다면 저자의 이메일을 공개한다.

wowgabe@hanmail.net

지금
당신의 모습을
그려보세요

애칭 :

좌우명 :

좋아하는 것들 :

사랑받기에 충분한 당신, 사랑하기에 딱 좋은 당신.

가끔씩 이해 안 가는 행동을 하고 있는 자신의 모습을 발견하며 당혹해 하던 당신을 위한 마음 여행 안내서를 준비하였습니다.

슬프고, 우울하고, 무기력하고, 때로는 분노에 휩싸여 주체가 안 될 때도 걱정하지 마세요. 우리는 흔히 부정적인 감정이 몰아치면 죄라도 지은 듯 주변의 눈치를 살피거나 올라오는 부정적인 감정을 다시금 꾹꾹 맘속에 눌러 담죠. 그러지 마세요. 올라오는 그 부정적인 감정을 느껴보세요. 그리고 그 녀석과 이야기를 나눠야 합니다. '무엇 때문에 언짢았니?' 하고 조용히 물어보세요. 내 한마디 질문에 마치 기다렸다는 듯 미주알고주알 뇌까리는 녀석은 없습니다. 그 녀석이 대꾸하지 않는다고 좌절 말아요. 그만큼 그 녀석이 외롭고 힘들었다는 이야기입니다. 조용히 당신의 양팔을 벌려 자신을 '꼬옥' 안아주세요. 그리고 들려주세요. '괜찮아. 그럴 수 있어. 지금껏 외면했던 널 이제는 꼭 지켜줄게. 지켜봐. 내가 널 위해 어떻게 집중하는지' 하고 들려주세요. 성난 아이는 살살 쓸어주고 달래주어야 마음을 푸는 법입니다. 당신 안에서 겁에 질려 자신을 부풀리고 무섭게 포장한 조그만 아이에게 속지 마세요. 그 아이의 진심을 알고, '쓰담쓰담' 하는 실천을 통해 내일은 조금 더 웃을 수 있게 될 것입니다.

꼭 기억하세요. 당신이 자신을 내치고 하찮게 여긴다면, 사는 내내 어디에서도 환영받기는 힘듭니다. 당신의 산 역사를 가장 잘 아는 사람도 당신이며, 그런 자신을 측은히 생각하고 적절한 돌봄을 줄 수 있는 사람도 당신입니다. 그렇기에 당신은 충분히 사랑스럽고 어여쁘다는 것을 잊지 마세요.

1부

나 알기

있는 그대로의 당신을 발견하라

1. 나는 누굴까?

당신은 누구인가? 당신에겐 어떤 어려움이 있는가? 아마 어쩌면 당신 자신도 '내가 누구지? 어떤 사람이라고 말할 수 있지?' 하며 반문하고 있을지도 모르겠다. 당신 자신이 어떤 사람인지 표현할 수 있게 스스로에게 허용해 줄 용기를 가져보라.

🌸 **준비물**   잡지, 풀, 그리기 도구

🌸 **방법**

01   준비한 잡지에서 당신이 좋아하는 이미지, 글씨 등을 찾아 손으로 정성껏 찢어 바탕 종이 위에 올려놓는다. 찾은 이미지와 글씨를 모아 종이 위에 배치해 보자.

02   여러 번 옮겨 위치를 조절할 수 있다. 마음에 드는 배열이나 구성을 찾았다면 풀로 고정한다.

03   완성된 작품의 방위를 설정하고 제목을 정한다.

04   당신의 설명이나 감상을 적어 보자. 당신이 좋아하는 이미지, 글씨가 당신에게 주는 의미를 적어도 좋다. 주로 등장하는 색 계열, 글씨라면 명사인지 형용사인지 혹은 문장인지 등도 고려하라. 그리고 어디서 듣던 말들인지도 생각해 보자. 당신 작품에 대한 감상은 정해진 답이 따로 있는 것이 아니다. 고로 당신의 방법이 정답이다.

❀ **제목**

❀ **날짜** (시간)

❀ **느낌**

당신이 좋아하는 이미지, 글씨가 당신에게 주는 의미는 무엇인가?

주로 등장하는 색 계열, 글씨라면 명사인지 형용사인지 혹은 문장인지 등을 정리해 보자.

당신이 사용한 당신의 이미지에 대한 이야기가 누구에게서 듣던 말들인지 정리해 보자.

이 모든 과정을 마쳤다면, 두 손을 가슴에 모으고
당신이 얼마나 몰두를 잘했으며 대견한지 들려주라.
그리고 머리에 손을 올려 최대한 따사로운 손길로 '쓰담쓰담'해 보자.
쑥스럽고 어색할 수도 있겠다.
그러나 그렇다는 것은 당신이 자신에게 인색했다는 증거다.
이제부터는 넉넉한 애정으로 둘러보라.

2. 어머니는 누구인가?

당신을 낳을 때 괴롭던 고통을 다 잊고 밥을 주고, 마음을 쓰며 애쓰던 분이 당신의 어머니인가? 혹은 '갖다 버릴 걸' 하면서 위협하고, 늘 비난으로 인사를 대신하여 당신을 한없이 작아지게 만들던 사람이 당신의 어머니인가? 어머니에 대한 당신의 느낌에 집중해 보자. 지금 순간 당신이 어머니를 나쁘게 표현한다고 법에 걸리거나 도덕적으로 문제가 될 일은 전혀 없다. 그것이 당신이 학교나 종교에서 배웠던 '효'에 위배되는 행동도 당연히 아니다. 당신 어머니에게 집중하여 솔직하게 표현할 수 있도록 스스로에게 허용해 보라.

✿ **준비물** 그리기 도구

✿ **방법**

01 어머니의 이미지, 향기, 목소리 등 당신의 어머니에게 집중하라. 당신을 부를 때의 목소리 톤, 음색 등은 어떠했는지, 당신을 볼 때의 그녀의 표정, 그녀에게서만 품기던 향기, 당신을 향한 그녀의 손길, 그녀의 철학 등 떠오르는 대로 거르지 말고 머릿속에 쭉 열거해 보라.

02 그것들을 하나의 구성물로 표현할 수도 있고, 아니면 그녀의 초상으로 표현할 수도 있다. 당신이 원하는 방법대로 그녀의 이미지를 표현해 보라.

03 그녀가 어떻게 보이는가? 당신을 향해 웃고 있는지, 아니면 당신을 향해 화를 내고 있는지? 그림 속의 그녀는 당신에게 뭐라고 이야길 하고 있는가? 당신은 뭐라고 답하고 싶은가? 그림 속의 그녀를 보고 있는 당신은 어떤 느낌이 드는가? 제목을 적고, 당신의 느낌들을 정리해 보라.

❀ **제목**

- -

❀ **날짜** (시간)

- -

❀ **느낌**

그녀가 어떻게 보이는가?

- -

당신을 향해 웃고 있는가? 만약 그녀가 당신을 향해 화를 내고 있다면 무슨 일이 있었던 걸까?

- -

그림 속의 그녀는 당신에게 뭐라고 말하고 있으며, 당신의 대답은 어떠한가?

- -

그림 속의 그녀를 보고 있는 당신은 어떤 느낌이 드는가?

- -

자, 이제 오늘 하루의 활동도 마무리되어 가고 있다.

작품 앞에 앉은 당신의 두 눈을 잠시만 감아 보라.

감은 두 눈은 어둠속에서 무얼 보고 있나?

어쩌면 당신은 오늘 작업이 참으로 어려웠을 수 있다.

그럼에도 불구하고 그 어려움을 극복한 당신이 얼마나 대견한지

양손을 당신의 양어깨로 얹어 (오른손은 왼쪽 어깨에, 왼손은 오른 어깨에)

따스하게 '꼬옥' 안아줘라. 그리고 '애썼다'고 들려줘라.

뾰족한 바늘로 찔러도 피 한 방울 안 나올 만큼

꽁꽁 얼어있는 당신의 가슴이 들을 수 있게 정성을 다해서.

3. 아버지는 누구인가?

당신을 기를 때 밤낮으로 애쓰며 당신에게 도덕과 넓은 사회를 보여주며 당신 기르기에 모자라지 않게 돈벌이에도 매진했던 사람이 당신의 아버지인가? 혹은 고래고래 술주정과 욕설을 퍼부으며 위협하고, 삶에 대한 불평과 불만을 인사 대신하여 한없이 작은 당신을 구석지로 몰아붙이던 사람이 당신의 아버지인가? 아버지에 대한 당신의 느낌에 집중해 보자. 지금 이 순간 당신이 아버지를 나쁘게 혹은 나약하게 표현한다고 당신이 아버지를 업신여기거나 비난하는 것은 아니다. 또한 법이나 도덕적으로 문제가 될 일도 전혀 없다. 그것이 당신이 학교나 종교에서 배웠던 '효'에 위배되는 행동도 당연히 아니다. 당신 아버지에 대해서 집중하여 솔직하게 표현할 수 있도록 스스로에게 허용하라.

준비물 그리기 도구

방법

01 아버지의 이미지, 향기, 목소리 등 당신의 아버지에게 집중하라. 당신을 부를 때의 목소리 톤, 음색 등은 어떠했는지, 당신을 볼 때의 표정, 그에게서만 풍기던 향기, 당신을 향한 그의 손길, 그의 철학 등 떠오르는 대로 거르지 말고 머릿속에 쭉 열거해 보라.

02 그것들을 하나의 구성물로 표현할 수도 있고, 아니면 그의 초상으로 표현할 수도 있다. 당신이 원하는 방법대로 그의 이미지를 표현해 보라.

03 그가 어떻게 보이는가? 당신의 풍요로운 삶을 위해 독려하고 있는가? 당신의 실수를 포용하며 격려하고 있는가 아니면 비난하고 비웃고 있는가? 그림 속의 그는 당신에게 뭐라고 이야기 하고 있는가? 당신은 뭐라고 답하고 싶은가? 그림 속의 그를 보고 있는 당신은 어떤 느낌이 드는가? 제목을 적고, 당신의 느낌들을 정리해 보라.

❀ **제목**

❀ **날짜** (시간)

❀ **느낌**

그가 어떻게 보이는가?

그가 당신의 풍요로운 삶을 위해 독려하고 있는가?

당신의 실수를 포용하며 격려하는가 아니면 비난하고 비웃는가?

그림 속의 그는 당신에게 뭐라고 이야기하고 있나? 당신은 뭐라고 답하고 싶은가?

그림 속의 그를 보고 있는 당신은 어떤 느낌이 드는가?

내면의 아이 돌보기

자, 이제 오늘 하루의 활동도 마무리되어 가고 있다.

작품 앞에 앉은 당신의 두 눈을 잠시만 감아 보라.

감은 두 눈은 어둠속에서 무얼 보고 있나?

어쩌면 오늘 작업도 쉽지만은 않았을 것이다.

그럼에도 불구하고 그 어려움을 극복한 당신이 얼마나 대견한지,

양손을 당신의 양어깨로 얹어(오른손은 왼쪽 어깨에, 왼손은 오른 어깨에)

따스하게 '꼬옥' 안아주라. 그리고 '애썼다'고 들려주라.

당신 마음 구석에 자리를 틀려고 비집고 들어오는 자기 비난이 있다면 멀리 쫓아내라.

당신 안에는 조금의 여유 공간도 없음을 큰 소리로 알려주라.

오늘 당신은 참으로 훌륭했다.

4. 내 부모들의 규칙?

당신은 넉넉하거나 가난하더라도 부모가 계신 가정환경에서 자랐을 수도 있고, 아니면 일찍이 버려지거나 부모를 잃고 기관에서 자랐을 수도 있다. 당신이 자라던 환경을 되돌아보자. 어떠한 집단이든 하나 이상의 사람이 모여 우리를 만들고 그 우리는 같은 규칙과 질서에 놓이게 된다. 그러나 같은 규칙과 질서라도 그것을 받아들이는 사람에 따라 전혀 다른 느낌 다른 의도로 각색이 된다.

✽ **준비물** 그리기 도구, 볼펜

✽ **방법**

01 어린 시절 당신이 자라온 과정을 생각해 보자. 당신은 부모나 부모의 역할을 대행하는 양육자에 의해 길러졌다. 그들은 그들 나름의 규칙을 가지고 있으며. 아마도 피 양육자인 당신에게 그 규칙을 강요했을 수도 있다. 당신이 제시받았던 그 규칙들을 열거해 보자.

02 열거된 규칙들에 대한 당신의 느낌은 어떤가? 편안하고 감사한가? 불합리한가? 화가 나는가? 지난 규칙을 조금 어겼다고 반성을 하거나 사제 앞에 선 사람처럼 고해를 하지는 말라. 그 당시 양육자의 규칙들이 당신에게 얼마나 버거웠으면 그럴 수밖에 없었겠는지 측은히 생각해도 괜찮다. 가장 힘들었던 규칙을 조금 수정한다면 어떻게 수정하고 싶은가?

✿ **제목**

‒‒‒

✿ **날짜** (시간)

‒‒‒

✿ **느낌**

열거된 규칙들에 대한 당신의 느낌은 어떤가?

‒‒‒

열거된 규칙으로 인해 당신에게는 어떤 선입견이 생겼는가?

‒‒‒

가장 힘들었던 규칙을 조금 수정한다면 어떻게 수정하고 싶은가?

‒‒‒

내면의 아이 돌보기

절대적인 양육자의 빼곡한 규칙 속에서 살아남은 당신을 격려해 주자.

수두룩 빽빽한 그 규칙 속에서 실수를 좀 했던들

그게 비난을 부를 노릇까지는 아니다.

실수했던 그 규칙이 마땅한 것이었다는 느낌이 든다면

이제라도 당신의 행동을 변화시키면 그만이다.

당신은 충분히 스스로를 위해서 변화할 준비를 하고 있으니까.

5. 어머니와 아이

나이가 어느 정도 되면 길가는 아이만 보아도 입꼬리가 올라간다. 아이는 제 방식대로의 의견을 표현하느라 울기도 하고, 인상을 쓰기도 하지만, 그 모양새를 지켜보는 어른의 입장에서는 마냥 귀엽고 어여쁘다. 아이가 자랄 때는 어머니에게 악악거리며 소리도 지르고 비난도 하며, 청소년기 때에는 어머니라는 사람을 어리석은 기성세대로 치부하기도 한다. 하지만 그러면서도 힘들거나 넘어졌을 때 대부분의 사람들이 지르는 외마디 비명은 '엄마야!'이다. 이는 어머니라는 존재가 살아있는 고향이기 때문일 수도 있다. 이번에는 당신이 여러 생각을 떠올리기 전에 작품을 완성할 수 있게 속도를 내보자.

준비물   연필, 크레용

방법

01   어머니와 한 명의 아이를 그려보자. 앞서 표현했던 당신의 어머니를 떠올리지 않아도 괜찮다. 그냥 어머니라고 생각하는 사람과 여자건 남자건 한 명의 아이를 그려라.

02   그리고 그 둘의 관계를 배경인 날씨로 표현해 보자. 우박이 올 수 있고 엄청 큰 해 때문에 사람이 힘들어 할 수도 있다. 떠오르는 이미지를 그대로 표현하도록 스스로를 독려하라.

03   작품이 완성되었다면 어머니와 아이의 나이를 적어보자. 그림 속 어머니는 아이에게 충분히 보호적인 분위기를 주는가? 어머니가 아이에게 접촉을 하고 있는가 아니면 아이가 어머니에게 접촉을 하고 있는가? 둘의 표정은 어떠한가? 둘의 배경에 그려진 날씨는 둘과 잘 조화를 이루고 있는가? 두 사람과 날씨의 크기는 어떠한가? 날씨의 표현이 아이의 주변에 표현되었는가? 그림에 표현된 날씨는 누구를 연상시키는가?

❀ **제목**

❀ **날짜** (시간)

❀ **느낌**

어머니와 아이의 성별과 나이는 어떻게 되는가?

그림 속 어머니는 아이에게 충분히 보호적인 분위기를 주는가?

어머니와 아이 중 누가 접촉을 어떻게 시도하고 있는가?

둘의 배경에 그려진 날씨는 둘과 잘 조화를 이루고 있는가?

그림에 표현된 날씨는 누구를 연상시키는가?

완성된 작품 앞에 놓인 당신은 여러 생각으로 복잡할 수 있다.

떠오르는 모든 느낌을 거르지 말고 정리해 보자.

혹여 당신의 표현이 어머니를 욕보이는 것으로 느껴진다고 자책하지 마라.

그냥 당신 마음속에 남겨진 양육 환경에 대한 표현이려니 생각해도 나쁘지 않으리라.

당신의 두 볼을 보드랍고 따스하게 쓸어주며 감사하는 것도 잊지 말자.

2부

가족관계 알아보기

당신 삶의 첫 번째 인연들

6. 동물 가족화

당신의 가족을 동물에 비유해 보자. 가족 각자의 띠와 상관없이 한 사람 한 사람을 동물과 연관 지어 생각해 보자. 어떤 자세를 취하고 있는 어떤 동물이 연상되는가? 아버지 하면 어떤 동물? 어머니 하면 어떤 동물? 형제자매 모두를 떠올려 보자. 중요한 것은 나 하면 떠오르는 동물의 이미지도 잊지 말라.

✿ **준비물**　동물 그림이 있는 잡지나 신문지, 그리기 도구

✿ **방법**

01　잡지나 신문지에서 동물의 이미지를 찾아서 오려 붙일 수 있고, 아니면 직접 그림으로 표현할 수 있다.

02　동물들이 어디에서 무엇을 하는지 배경도 꾸며보자.

03　그림 속의 당신을 연상하는 동물은 안전한가? 당신을 연상하는 동물이 편안한가? 각 동물들의 위치와 먹이사슬 간의 관계도 생각해 보자. 아마도 당신이 진실하게 표현하였다면, 가족 안에서의 당신 위치가 보일 것이다. 당신이 누구와 친밀하고 누구와 공격적이고 대치되어 있는지, 누구의 역할을 모델링하고 있는지, 누구를 외면하고 있는지 등 당신의 방식대로 감상하고 느낌을 정리해 보자.

❀ **제목**

❀ **날짜** (시간)

❀ **느낌**

그림 속의 당신을 연상하는 동물은 안전한가?

당신의 표현에서 양육자는 안정된 자리에서 자녀들을 잘 리드하고 있는가?

표현된 각 동물의 위치와 먹이사슬 간의 관계를 생각해 보라.

삶이라는 정글에는 망각의 강도 흐르고, 각인이라는 산도 병풍처럼 즐비하다.
당신 표현 속의 대립을 어떻게 화합으로 이끌 것인가?
당신이 갈등 관계를 파악할 수 있었다면 이미 당신은 그 답을 가지고 있는 듯하다.
억울한 나를 표현했건, 군림하는 나를 표현했건 당신의 솔직한 표현을 지지하라.
쉽지만은 않았지만, 솔직하려고 애쓴 당신에게 격려를 보낸다.

7. 가족 이미지

'태어날 때 가족을 선택하고 태어날 수 있는 특권이 주어진다면…' 하는 소망을 한 번쯤은 품어보지 않았는가? 그럼에도 어떤 부모들은 "누가 내 새끼로 나오래?" 하면서 볼멘소리를 한다. 어떠한 선택권도 누구에게나 주어지지 않았다. 부모가 자식을 선택할 권리도, 자식이 부모를 선택할 권리도, 또 형제나 자매가 서로를 선택할 권리도 애초부터 아무에게도 없었던 거다. 아마 무작위로 복권처럼 당첨되어 꾸려진 집단일 수도 있고 아니면, 불교에서 말하는 윤회처럼 앙숙이나 의미 있는 관계여서 다시 만난 관계일지도 모른다. 어쨌든 중요한 것은 이것도 인연이라는 거다. 무처럼 베어서 버릴 수 있는 것이 아닌 필연이라고까지 이름 지어지는 인연 말이다. 나와 혈연으로 맺어졌으며 한집에 기거하고 있는 가족이란 이름으로 똘똘 뭉쳐진 인연.

※ **준비물**　도자기 점토, 사인펜이나 마커

※ **방법**

01　내가 가족이라고 부르는 사람들의 모습을 떠올려보자. 부모, 형제, 자매, 혹은 조부모도 해당 될 수 있다. 그들의 형상을 점토로 만들어 보자. 꼭 그들의 모습과 똑같은 모습일 필요는 없다. 단지 내 느낌대로 그들의 형상을 빚어보자. 당신 자신의 형상도 잊지 마라.

02　완성된 각각의 형상들을 보면서 무엇이 떠오르는가? 어린 시절 추억일 수도, 현재의 애증일 수도 있을 것이다. 온전한 모습을 갖춘 사람은 누구이고, 좀 더 수정하여 근사하게 덧꾸미고 싶은 사람은 누구인가? 그들 각각의 모습이 마음에 드는가? 당신이 빚은 각각의 가족 구성원들에 대한 당신의 느낌은 무엇인가?

❀ **제목**

- -

❀ **날짜** (시간)

- -

❀ **느낌**

완성된 형상들을 보면서 각각의 무엇이 떠오르는가?

- -

그들 각각의 모습이 마음에 드는가?

- -

당신의 표현에서 온전한 모습을 갖춘 사람은 누구이고, 좀 더 수정하여 근사하게 덧꾸미고 싶은 사람은 누구인가?

- -

당신이 빚은 각각의 가족 구성원들에 대한 당신의 느낌은 무엇인가?

- -

누군가의 형상을 빚는 데는 시간이 별로 걸리지 않은 반면에,
다른 누군가의 형상에는 공(功)과 시간을 더 할애하여 표현했을지도 모른다.
어떤 모습은 썩 마음에 드는가 하면, 어떤 모습에는 별생각이 없을 수도 있다.
어쨌든 당신이 표현한 각각의 그들은 당신 과거의 사건과
그로 인한 마음속 감정과 관련될 것이다.
당신이 완성한 가족의 형상을 그늘에서 잘 말려보자.
당신의 멋진 작품을 감상하라.

8. 가족 조각

둘 이상의 사람이 모이면 친분이 달라진다. 누구와는 더 친하고, 누구와는 단 둘이면 친한데 둘 이상이 되면 불편해지거나 소원해지는 대상들이 생긴다. 또한, 상대방에 대한 기대와 기여도가 생긴다. 채워지지 않으면 소외감과 불신이 생기며, 넘치면 지나치게 의존하게 될 수도 있다. 따라서 사람 간의 거리는 적당히 유지되어야 하며, 온전히 밖에서 채우려 해도 곤란해진다.

🌸 **준비물**　지난 시간에 빚은 가족의 형상

🌸 **방법**

01　지난 시간 만들었던 가족원 각자의 상을 가지고 활동 페이지에 배치해 보자. 우선 중요하게 생각하는 사람을 가운데 배치하고, 나머지 인물들을 주변에 배치할 수 있다. 당신의 마음이 끌리는 대로 가족 구성원을 배치해 보라.

02　화지 위의 인물들이 편안해 보이는가? 다른 가족 구성원들과 다른 방향으로 배치된 사람이 있는가? 내가 배치한 가족들의 모습은 어떠한가? 화지의 중앙에 위치한 사람은 누구인가? 당신은 가족원 누구와 긍정적인 상호작용을 맺고 있는가? 당신은 어떤 가족원으로부터 곤혹감을 느끼며, 배척되거나 격리되어 있는가? 당신이 배치한 가족들의 모습을 어떻게 변형시키고 싶은가? 그 가족원의 모습을 변형시키기 위해 당신이 할 수 있는 일은 무엇인가?

❀ **제목**

❀ **날짜** (시간)

❀ **느낌**

가족의 배치가 마음에 드는가? 당신이 배치한 가족들의 모습은 어떠한가?

다른 가족 구성원들과 다른 방향으로 배치된 사람이 있는가?

화지의 중앙에 위치한 사람은 누구인가?

가족 배치에서 자기상(象)이 가족원 중 긍정적인 상호작용을 맺고 있는 대상이 있는가? 있다면 누구인가?

당신은 어떤 가족원으로부터 곤혹감을 느끼며, 배척되거나 격리되어 있는가?

당신이 배치한 가족들의 모습을 어떻게 변형시키고 싶은가?

그 가족원의 모습을 변형시키기 위해 당신에게 요구되는 노력은 무엇인가?

가족 조각을 하면서 많은 생각을 하게 될 수 있다.
그 많은 생각을 있는 그대로 허용하라.
부정적인 감정들로 넘쳐난다면 스스로를 부둥켜안고 위로와 격려를 해주라.
'그럼에도 불구하고 참 잘 버텨왔구나. 애썼다.' 긍정적인 감정들로 넘쳐난다면
그리 지내올 수 있었던 자신에게 감사하라. 세상 어디에도 당연한 것은 없다.
당신 스스로에게 인색하지 말고 꼭 안아줘라.
당신 안의 작은 아이가 당신을 믿고 의지할 수 있게.
그리고 당신의 가족 조각을 사진으로 찍어
가족 조각 활동지 페이지에 붙여 기록으로 남길 수도 있다.

9. 가족 나무

나무의 필수요소는 수관*, 가지, 줄기, 뿌리이다. 수관은 하나에서 여러 개로 표현될 수 있으며, 과일이나 나뭇잎을 추가로 표현할 수도 있다. 혹은 줄기에 옹이구멍*을 표현하여 불안이나 공포로부터 피할 수 있는 장소로 마련되기도 할 것이다.

🏵 **준비물** 그리기 도구, 포스트잇

🏵 **방법**

01 한 그루의 나무를 그려보자. 나무의 뿌리, 줄기, 가지, 수관 당신 마음껏 나무를 그리고 색칠할 수 있다.

02 한 그루의 나무가 완성되었다면 포스트잇을 가족의 수에 맞게 준비하고, 한 장에 한 명씩의 가족 구성원을 그려보라. 당신의 가족이 네 명이라면 네 장의 가족 그림이 모일 것이다.

03 어두운 밤이 되어 각자 나무로 잠을 자러 옮겨 갈 것을 상상해보자. 당신은 각 가족 구성원을 생각하면서 어느 위치로 자리를 잡을 것이라고 생각되어지는지 그 위치에 가족 구성원의 포스트잇을 붙여보자. 예를 들어 당신 자신을 줄기에 붙이고 싶다면 줄기 위에 당신을 표현한 포스트잇을 붙여라. 이렇게 가족들 모두를 나무에 배치해라.

04 나무의 수관에 배치한 인물은 누구인가? 수관에 표현된 인물과 당신의 관계는 어떠한가? 당신은 수관에 표현된 인물에게 순응하는 편인가, 독립적인 편인가? 나무에서 벗어나서 배치된 인물도 있는가? 당신은 어느 곳에 위치하고 있는가? 당신에게 가깝게 자리 잡은 가족원은 누구인가?

*수관 : 나무의 몸통 위에 나뭇가지나 잎이 무성한 부분을 이르는 말
*옹이구멍 : 나무의 몸에 박힌 가지의 밑 부분

✾ **느낌**

나무의 수관에 배치한 인물은 누구인가?

수관에 표현된 인물과 당신의 관계는 어떠한가?

나무에서 벗어나서 배치된 인물도 있는가? 있다면 누구인가? 그와 당신의 관계에 대해서도 생각해 보자.

당신은 어느 곳에 위치하고 있는가?

당신에게 가깝게 자리 잡은 가족원은 누구인가?

본 활동을 통해 당신 가족의 문제에 접근할 수 있게 되길 바란다.
가족 중 누구의 지배력이 혹은 누군가의 행동이
가족 간의 갈등으로 유발된다고 생각하는지 당신의 의견이 잘 조명되었길 바란다.
혹 당신의 의견을 감추고 가짜 모습을 표현했다한들 스스로를 비난할 일은 아니다.
아직 불확실한 치료 관계 때문일 수도 있으니 낙담은 금물.
자신에 대한 격려와 감사로 포근히 안아주라.

10. 유산

당신의 가족을 스스로가 선택할 수 없듯, 부모로부터 혹은 그 외의 조상으로부터 물려받을 유산 또한 당신 마음대로 선택하기는 쉽지 않다. 흔하게 싫어하며 배운다는 말이 있듯, 보고 익힌 것은 스스로의 의지와는 관계없이 답습이 되기도 한다. 그 답습으로부터 조금이라도 자유로우려면 깨어있는 수밖에 없다. 깨어있기 위해서는 끊임없이 스스로를 탐색하고, 당신의 가족을 공부하라. 적어도 무언가를 알고 있다는 것은 좀 더 나은 선택을 하는 데 도움이 되기도 한다.

※ **준비물** 그리기 도구, 네임펜

※ **방법**

01 활동 페이지가 네 등분 되어 있다. 각각의 등분된 영역에 ① 당신이 물려받은 것, ② 당신이 물려받고 싶었던 것, ③ 당신이 가장 물려받기 싫었던 것, ④ 당신이 아이들에게 물려주고 싶은 것 등을 표현해 보자. 은유적인 표현을 할 것인지, 구체적인 표현을 할 것인지는 당신의 선택이다.

02 당신이 표현한 네 영역 모두가 당신이 가지고 있는 자산들이다. 그 자산이 긍정적일 수도 있고, 부정적일 수도 있다. 또는 당신의 자랑거리일 수도 있고, 당신이 창피하게 생각하는 것일 수도 있다. 당신이 발견한 것이 반짝반짝 빛나는 당신의 자랑거리라면 잘 다듬어 잃지 않도록 주의하라. 만약 당신이 발견한 것이 부정적이고 수치스러운 영역의 것이라면 잘 들여다보고, 거기에 필요한 것들을 헤아려 보라. 헤아릴 줄 알아야 채워 넣을 수도 있는 법이다. 누구나가 다 완벽할 수는 없다. 모자란 것에 대한 보완책도 당신 안에 있다. 그것을 꺼내어 보라.

03 이 책 맨 뒤에 투명종이가 준비되어 있다. 그 종이를 잘라서 당신의 그림에 덮고, 당신이 발견한 부정적인 영역을 긍정적인 것이 되게 네임펜으로 수정해 보라.

❀ **제목**

❀ **날짜** (시간)

❀ **느낌**

표현된 유산 중에 당신이 물려받은 것, 물려받고 싶은 것, 물려받기 싫었던 것, 물려주고 싶은 것 간의 공통점은 무엇인가?

당신의 표현에 나타난 유산은 어찌 되었건 모두가 당신 안에 존재하는 것들일 것이다. 그것들이 어떻게 느껴지는가?

----

①

②

③

④

'무엇 때문'이라는 말을 '무엇 덕분'이라고 고쳐보자.

원망을 공(功)으로 돌리고 나면,

당신 마음속 무거운 돌이 한결 가벼워지며, 긍정 기운들을 모으게 된다.

당신부터 바뀌어야 당신 후대도 행복해질 수 있다.

부모에게서 물려받은 유산은 가치로 따질 수 없다.

그것들을 활용할 수 있는 당신의 능력이 가치인 것이다.

당신에게 잘 들려줘라. 당신이 얼마나 노력하고 있고,

건강한 행복에 대해서 얼마나 많이 갈망하는지를.

11. 동그라미 부모-자녀 그림1

당신의 부모들과의 관계를 탐색해 보자. 당신은 아버지와 더 심리적으로 교류를 하고 있는가? 혹은 어머니와 더 심리적으로 교류를 하고 있는가? '부모와는 아무런 갈등도 없다'는 당신이라면 지금 활동을 통해 확인해 볼 수도 있다.

🏵️ **준비물**　연필, 지우개, 그리기 도구

🏵️ **방법**

01　동그라미 안에 당신과 당신 부모를 그려보자.

02　어머니 주변 동그라미 바깥쪽 빈 곳에는 어머니 하면 연상되는 것들을 그려보자. 아버지와 자신의 주변 빈 곳에도 각 인물을 생각하면 연상되는 이미지를 그려보자. 그림이 어렵다면 글씨를 쓸 수도 있다. 좀 더 관계를 명확하게 알기 위해서는 색을 사용할 수도 있다.

03　당신의 작품이 완성되었다면, 각 인물들을 연상하는 것 중 겹쳐지는 것이 있는가? 색칠을 했다면 겹쳐지는 색을 찾아보는 것도 도움이 될 것이다. 어머니에게서도 아버지에게서도 당신을 연상하는 것이 표현되지 않았다고 서러워 말라. 그만큼 당신이 독립적인 성향을 가졌을 수도 있다. 어머니의 주변에 주방용품이나 음식이 열거되었다면 당신 생각에 어머니는 제법 양육적인 기능을 하는 분일 것이다. 아버지에게서 업무와 관련된 것들만 연상했다고 불편해 하지 말라. 도리어 당신이 아버지에게 무관심한 것일 수도 있지 않을까?

✿ **제목**

✿ **날짜** (시간)

✿ **느낌**

원 안에 표현된 인물 간의 거리나 상호 관계성이 어떻게 느껴지는가?

각 인물을 연상하는 것 중 겹쳐지는 것이 있는가? 혹은 색칠을 했다면 겹쳐지는 색을 찾아보라.

당신의 표현 중 고치거나 더 추가하고 싶은 것이 있는가? 그것에 대한 당신의 느낌을 정리해 보자.

내면의 아이 돌보기

원에 표현된 인물상 중 당신이 가운데 표현되지 못했다고
속상해하거나 자책하지 마라.
그럴 수밖에 없도록 강하게 휘몰아쳤던 상황이 있었을 것이다.
자신을 표현하는 상징물이 적다고 움츠러들지 마라.
이제부터 자신에게 관심을 주고 애정을 쏟아가며
그렇게 시작되는 것도 나쁘지 않다.
당신의 작품을 다각도로 탐색해 볼 수 있는 스스로에게 감사하라.
두 손을 가슴에 모으고 진심을 다하여 표현하라.

12. 동그라미 부모-자녀 그림2

🌸 **준비물** 연필, 지우개, 그리기 도구

🌸 **방법**

01 앞서 그린 것 중에서 아버지를 연상하는 것 하나와 어머니를 연상하는 것 하나, 그리고 자신을 연상하는 것 하나씩 대표를 뽑아라.

02 그것들을 원안에 하나의 그림이 되도록 구성해 보자.

03 그림들은 잘 어우러지는가? 어색하여 따로 노는 것은 없는가? 당신은 당신의 연상물 주변에 누구의 연상물을 표현하였는가? 당신과 부착된 연상물은 없는가?

❀ **제목**

❀ **날짜** (시간)

❀ **느낌**

원 안의 그림들이 어떻게 느껴지는가?

당신의 연상물 주변에 누구의 연상물을 표현하였는가? 당신으로 연상된 것과 부착된 연상물은 없는가?

연상물을 배치할 때에는 아무 생각 없이 구성하다가
뭔가 의미를 부여한 후 느껴지는 것이 썩 유쾌하지 않을 수도 있다.
앞장의 동그라미 부모-자녀 그림1에서의
인물배치와 다른 구성이거나 같은 구성일 수도 있다.
가끔씩 사람들은 동그라미 부모-자녀 그림2를 통해
들켰다는 마음에 당혹감을 느끼기도 한다.
그만큼 작업에 집중하고 솔직하게 표현했다는 말일 것이다.
잊지 마라. 당신 또한 소중한 사람임을.

3부

감정 다루기

부정적인 감정일수록
건전하게 표현할 수 있는 방법을 익혀라

13. 화 / 분노

활동 페이지의 그림이 무엇으로 보이는가? 당신은 그 그림을 보면서 어린 왕자의 모자나 보아뱀을 연상할지도 모르겠다. 혹은 화산을 연상하는 경우도 많다. 당신은 참으로 창의적이지 않은가? 몇 개의 선들을 보고 여러 가지를 연상할 줄 아는 능력자이다. 그 능력을 발휘하여 당신 깊숙한 내면의 화를 화산이 되어 표출해 보자.

🌸 **준비물**   그리기 도구

🌸 **방법**

01   여러 가지 그리기 도구를 사용할 수 있으나 마커처럼 선명한 색을 낼 수 있는 도구가 좋다.

02   당신이 표현한 화산은 휴화산일 수도 있고 활화산일 수도 있다. 활화산으로 맘껏 화를 분출하였다면 조금 시원한 기분이 들기도 하겠지만, 화산 입구를 뭔가가 꽉 막고 있거나, 휴화산으로 표현된 경우에는 좀 더 힘을 내어 종이에 다시 한번 표출해 볼 것을 권한다. 과하여 찢어질 수도 있겠지만, 그 찢김에서도 카타르시스를 느낄 수 있다.

❀ **제목**

❀ **날짜** (시간)

❀ **느낌**

화산의 표현을 통해 당신이 경험한 감정을 적어보자.

당신이 표현한 화산은 활발히 움직이고 있는가? 정체되어 있는가?

만약 무언가에 의해 막혀 있다면, 제 기능을 방해받고 있다면 그것은 무엇인가? 그것을 제거하려면 어떤 노력을 해야 하겠는가?

내면의 아이 돌보기

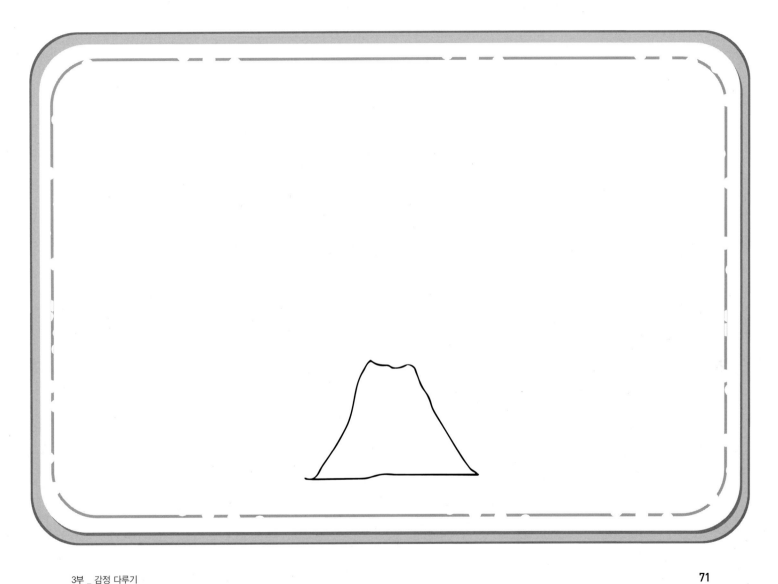

당신의 작품에 과하게 발산하여 흉물스러운 화산으로 보인다고 부끄러워 말자.

그만큼 표현할 수 있는 자신의 에너지에 감사하자.

나쁜 감정일수록 숨기고 억누르기만 하는 것이 능사는 아니다.

건전한 방법으로 표출할 수 있는 기회에 감사하라.

14. 핵심 감정

가끔 사람들은 자신의 감정과 소원(疏遠)한 경우를 본다. 특히나 그것이 부정적인 감정일 때에는 더욱 억압하며 회피해 버리는 경우가 있다. 당신을 스치고 지나가듯 휘리릭 날아가 버린 그 감정들을 소중히 생각하라. 어떠한 것도 돌보지 않으면 다스릴 수 없다.

✿ **준비물** 그리기 도구

✿ **방법**

01 최근 경험한 고통스럽거나 스트레스를 일으키는 감정, 당신이 해소하고 싶은 감정에 대해 생각하라.

02 이 감정을 가장 잘 나타내는 단어는 무엇인가? 슬픔, 분노, 우울, 무기력 등 당신이 생각하는 그 부정적인 감정을 나타내는 단어를 마커나 크레용으로 크고 뚜렷하게 써라. 이 단어를 보고 어떤 감정이 느껴지는지 한두 문장으로 기록해 보자.

03 다 쓴 후 큰 소리로 읽어보라.

04 이 단어가 당신의 신체 속에서 어떤 감정으로 느껴지게 하는가? 활동 페이지 신체상에 느껴지는 감정을 가장 잘 대변하는 색을 선택하여 표현해 보자. 당신 신체의 어느 부분에 어떻게 영향을 미치는지 또는 당신 신체에 어떻게 느껴지고 있는지를 나타내 보라.

05 이미지, 색상, 모양 등으로 표현할 수 있다. 당신의 손을 믿고 손이 가는 대로 그려보자.

06 느껴지는 감정에 집중할 때 끌린 색상은 무엇인가? 신체에 표현된 색상, 모양, 형태, 선에서 느껴지는 감정은 무엇인가? 당신의 표현은 은유와 상징을 통해 해석될 수 있다.

❀ **제목**

❀ **날짜** (시간)

❀ **느낌**

느껴지는 감정에 집중할 때 끌린 색상은 무엇인가?

색상, 모양, 형태, 선을 통해 신체상에 표현된 부정 감정이 어떻게 느껴지는가?

당신의 신체에 강렬하게 표현된 그 감정을 극복하기 위해 노력해야 할 것은 무엇인가?

부정적인 감정으로 표현된 당신 실제 신체를 보듬어 줘라.

쓸어주고, 안아주고, '애썼다'고 격려하라.

그곳에 살포시 보드라운 담요를 덮어줘도 좋겠다.

조금씩 성장하고 있는 당신의 표현력을 진심으로 축하한다.

15. 꽃잎 만다라

가끔씩 사람들은 투덜거림을 멈추지 못한다. 늘 자신만 불행한 것 같고, 늘 자신만 외면당하는 것 같고, 힘들고 지친다고. 그렇다고 그들에게 행복한 적이 없었던 것은 아니다. 단지 각박하고 고단한 현재에 억눌려 훈훈했던 기억을 잊고 있을 뿐. 늘 지옥이라면 어찌 살아 있겠는가? 오늘의 활동을 통해 그동안 잊고 있던 당신이 보살핌과 보호를 받고 있다는 느낌을 만끽해 보기 바란다.

🌸 **준비물** 그리기 도구, 색종이나 색한지, 풀

🌸 **방법**

01 중심의 원 안에 자신의 상징을 놓는다.

02 그리고 안쪽의 원과 바깥쪽 원 사이의 공간을 꽃잎으로 채운다.

03 꽃잎을 만들기 위하여 무언가를 그리거나 칠한다. 색종이를 활용해도 좋다.

04 각 꽃잎마다 당신을 유쾌하게 웃기거나, 힘을 돋아준 느낌을 주는 활동이나 환경, 자기 긍정의 메시지, 취미 혹은 향기에 대하여 적거나 그림을 그린다.

❀ **제목**

❀ **날짜** (시간)

❀ **느낌**

각 꽃잎에 표현된 이미지(당신을 유쾌하게 웃기거나, 힘을 돋아준 느낌을 주는 활동이나 환경, 자기 긍정의 메시지, 취미 혹은 향기)를 통해 무엇을 경험했는가?

표현을 통해 당신 안에 쌓인 긍정 경험을 정리해 보라.

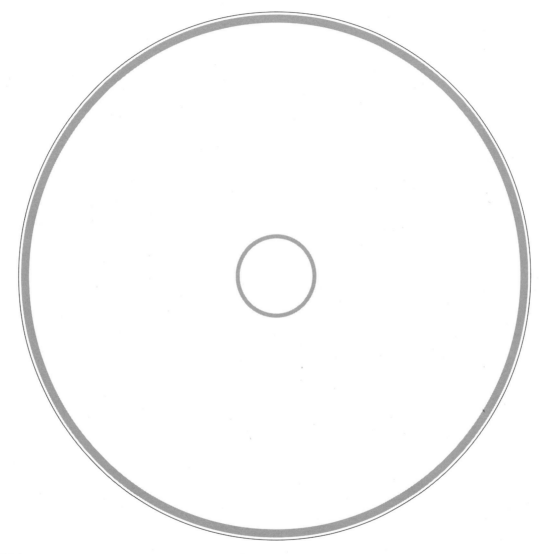

이 과정을 통해 당신은 다시금 넉넉하고 훈훈한 경험을 갖게 되었을 것이다.

당신의 기운을 돋운 오늘의 경험에 감사하자.

그리고 당신 안의 또 다른 당신에게 들려주면 어떠할까?

'그런 중에도 숨은 보석 같은 추억이 한 송이의 꽃을 채웠노라'고….

자신을 위해 할 수 있는 것들을 상기시킬 필요가 있을 때

이 만다라를 꺼내보면 많은 도움이 될 것이다.

16. 불안을 부탁해

⚙ **준비물**   그리기 도구, 포스트잇

⚙ **방법**

01   활동 페이지의 둥근 부분을 불안한 표정으로 표현해 보자. 불안한 표정에는 밝고 환한 미소 따위가 없음을 명심하라.

02   당신이 느끼는 불안감에 대해서 생각해 보고, 준비한 포스트잇*에 당신의 불안을 한 장씩 그림으로 표현해 보자.

03   그림으로 표현된 각 불안들을 활동 페이지에 배열한 후 고정시켜 보라.

04   빈 곳에 당신 마음껏 무언가를 추가하거나 꾸며도 좋다.

* 포스트잇은 당신이 원하는 크기로 오려서 사용할 수도 있고, 혹은 포스트잇 없이 다음장 활동 페이지에 직접 등분하여 느끼는 불안을 표현할 수도 있다. 당신의 선택이 당신으로서는 정답 일거다. 당신의 선택을 믿어라.

✿ **제목**

✿ **날짜** (시간)

✿ **느낌**

당신이 표현한 불안에서 공통적으로 경험된 것은 무엇인가?

당신이 표현한 불안 목록들을 당신 안에서 온전히 놓아주기 위해 필요한 것이 무엇이라고 생각하는가?

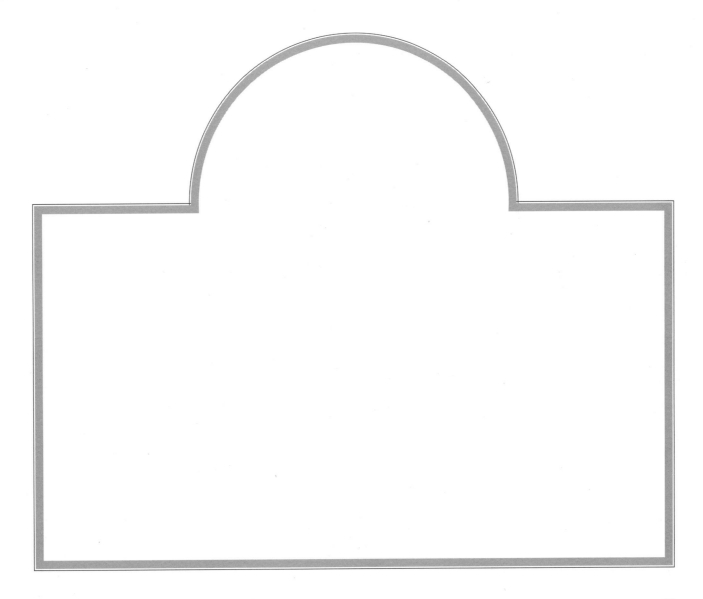

완성된 작품을 향해 당신의 입으로 소리 내어 부탁해보면 어떨까?
'나의 불안들을 부탁해' 하고 당신 마음속 불안을 종이 위에 꺼내어 놓고
그 빈자리에 안온함을 채워보자. 당신은 그럴 자격이 있다.
애써 동동거리며 꺼내놓은 불안을 다시 안으로 되새기지 말자.
그리고 그런 불안들로 인해 1년은 더 늙었을 자신을 보듬으며
'사랑한다'고 전해보자. 습관처럼 잊고 있던 진심을 담아서….

17. 감정차트

오늘 하루만도 당신은 여러 가지 감정들과 싸웠을지 모른다. 부정적인 감정과 긍정적인 감정을 오가며, 부정적 감정으로 인해 미칠 듯한 자괴감과 원망을 품었을 테고 긍정적인 감정에서는 습관처럼 별것 아닌 듯 쉬이 잊을 수도 있다. 하지만 골고루 인정하고 허락하라.

🏵 **준비물** 그리기 도구

🏵 **방법**

01 한 주간 동안 당신의 마음을 휘어잡던 감정들을 생각해 보자. 어떤 감정들이 떠오르는가? 부정적이고 고달픈 감정들만 떠오르는가? 마냥 즐겁기만 했고 별문제 없었다고 생각될 수도 있다. 이 세상에 존재하는 모든 것은 그것이 감정이건 신체나 생각이건 늘 양면이 따라다닌다. 긍정과 부정, 좋은 것과 좋지 않은 것 이들은 늘 짝지로 등장하여 짝지로 떠나간다. 고로 당신이 한 주간 느꼈을 감정들도 또한 짝지처럼 좋은 것도 좋지 않은 것도 공존했을 것이다. 그 감정들을 열거해 보라.

02 그리고 그중 강렬했던 것들을 골라 포스트잇에 표현해 보자. 색, 모양, 선 등으로 당신 손이 원하는 만큼 자유로이 놓아줘 보라.

03 포스트잇 하나에 하나의 감정씩 표현한 것을 활동 페이지에 배열시켜 보자.

04 당신은 어떨 때 주로 그런 감정을 갖게 되는가? 평소 그런 감정들을 어떻게 다스리거나 즐기는가? 여러 복합적인 감정들의 홍수 앞에 당신은 무엇을 담아 당신 마음이라는 정원을 꾸리고 있는가? 각각의 감정들이 당신을 어떻게 치장하길 바라는가?

❀ **제목**

❀ **날짜** (시간)

❀ **느낌**

당신은 어떨 때 주로 그런 감정(감정차트에 표현된)을 갖게 되는가?

평소 그런 감정들을 어떻게 다스리거나 즐기는가?

각각의 감정들이 당신을 어떻게 장식하길 바라는가?

내면의 아이 돌보기

당신의 표현들을 초보 치료사처럼
해석하거나 분석하려 하지 말기를 정중히 권한다.
당신의 깊은 속이 내놓은 귀중한 정보를
싸구려처럼 비난하거나 치장하지 말자.
이 작업에서 중요한 것은 해석이 아니라 당신의 표현과 표출이다.
건강하게 표현하고 안전하게 표출할 수 있다면 당신은 성공한 것이다.
스스로에게 감사하고 또 감사하라.

18. 안전한 장소 만들기

두려움, 불안, 공포로부터 당신을 안전하게 지킬 수 있는 장소를 생각해 보자. 당신은 충분히 위협적인 환경으로부터 보호받을 가치와 존엄함을 가진 존재이다. 어떠한 것이 당신을 편안하고 안도하게 만드는가? 당신을 학대하거나 방임하지 말라. 더욱이 그리 길러져 그럴 수밖에 없다고 말한다면 믿을 곳 하나 없는 자신이 얼마나 외롭고 아프겠는가? 스스로를 위로하고 보호할 수 있는 넉넉한 마음을 허용하라.

🌼 **준비물** 그리기 도구, 각종 꾸미기 도구

🌼 **방법**

01 지금껏 살아오면서 편안하고 안전하게 생각되는 장소나 물건 등에 대해 생각해 보자.

02 그곳은 현실적인 공간이거나 상상의 공간일 수 있다. 자신의 집이나 방, 혹은 비밀의 장소 어디도 가능하다.

03 당신이 생각한 그 안전하고 편안한 곳을 그려보자.

04 그리고 당신의 그림 속 장소가 더욱 안전할 수 있도록 무언가를 첨가하여 꾸밀 수도 있다.

05 당신의 안전한 장소가 완성되었다면 그 장소의 한가운데에 있는 자신을 상상해 보라. 지금 당신의 앞에는 무엇이 있는가? 당신의 뒤, 옆에는 무엇이 보이는가? 그것들에 인사하고 당신에게 소중한 것임을 큰 소리로 들려주어라. 당신은 스스로가 완성한 안전한 장소에 대해 아래의 활동일지에 이야기를 나눌 수 있다.

❀ **제목**

❀ **날짜** (시간)

❀ **느낌**

당신의 안전한 장소가 완성되었다면 그 장소의 한가운데에 있는 자신을 상상해 보라.

지금 당신의 앞에는 무엇이 있는가?

당신의 뒤, 옆에는 무엇이 보이는가?

그리고 당신의 일상 속에서 느껴지는 불안이나 우울과 두려움의 상황에서
언제든지 그곳으로 갈 수 있도록 당신의 휴대폰에 저장해 두면 좋겠다.
당신은 이제 다시금 안정감을 얻고 평정심을 되찾게 되었다.
당신의 훌륭한 선택에 감사하라. 당신과 당신의 선택은 매우 가치롭다.

4부

갈등 다루기

누군가는 갈등의 문턱을 넘어야 한다.
그것이 당신이라면 멋지지 않을까?

19. 자유롭게 내 맘대로

태어나는 것도, 살아가야 하는 것도 모두 당신의 의무였을 거다. 그러나 매 순간이 당신의 자율의지에 의해 진행되었음을 잊지 말라. 또한 지금 이 순간 당신이 그동안 잊고 있던 또 하나의 자유를 경험하게 될 것이다. 자유는 짧고 순식간이지만, 감미롭고 편안한 상태를 연상시킨다. 당신의 손과 마음이 자유롭게 움직일 수 있도록 허용하라. 그리고 그것들을 충분히 느껴보라.

⚜ **준비물** 그리기 도구

⚜ **방법**

01 잠시 몸을 편안히 하고, 당신의 두 눈을 감고 당신의 몸과 마음을 부드럽게 이완시키자. 이완에 도움이 되도록 깊은 호흡을 할 수도 있다. 넘치도록 숨을 들이마시고, 충분히 내쉬어라. 반복된 호흡만으로도 당신은 충분히 이완될 수 있다.

02 당신을 믿고, 깊은 호흡 속에 당신을 맡겨보라. 몸이 자유롭게 좌우로, 혹은 앞뒤로 흔들린다면 이완이 되고 있다고 보인다. 혹은 당신의 마음속에 고요가 느껴진다면 제대로 이완되고 있는 것이다.

03 조용히 눈을 뜨고, 15~20분 동안 당신 손이 움직이는 대로 그림을 그려보자. 어떤 모양을 갖춘 구체적인 표현일 수도 있고, 혹은 피카소의 그림처럼 추상적인 표현이 될 수도 있다. 당신의 손이, 당신의 마음이 멈출 때까지 충분히 표현해 보자.

04 당신의 그림에서 무엇이 보이는가? 당신의 자유로운 표현을 통해 무엇이 느껴지는가?

✿ **제목**

✿ **날짜** (시간)

✿ **느낌**

당신의 그림에서 무엇이 보이는가?

당신의 자유로운 표현을 통해 무엇을 경험했는가?

당신의 호흡과 정신과 신체를 자유롭게 허락할 수 있음에 감사하자.
꼭 무엇인가를 의도하고 그리지 않아도 당신은 충분히 창의적이며 유연한 사람이다.
그런 스스로를 격려하라.

20. 낙서로 여는 풍경

때때로 어른들은 아이들의 천진함 속에서 많은 것들을 배우고 익힌다. 그것이 유머이든 아니면 너스레든 이미 경직되고 구조화된 어른들에겐 적잖은 교훈을 주기에 안성맞춤일 때가 있다. 아이들에게서 배운 놀이를 시작해 보자. 아이들의 규칙적이거나 의도되지 않은 처음 그림 활동으로 마구 그리는 낙서가 있다. 상상이 안 간다면 리본 끈을 하나 준비하라. 그것을 나무젓가락에 잘 고정해 나무젓가락을 맘껏 흔들어 보라. 위에서 아래로, 양 옆으로, 곡선과 사선, 편안한 선들로 흔들어 보라. 리본을 흔들다 보면 당신 앞에 리본이 지나간 선들이 마구 엉켜있는 잔영으로 남을 것이다. 그것을 표현할 수 있다.

✿ **준비물**   그리기 도구

✿ **방법**

01   활동 페이지에 어깨 힘을 빼고, 당신이 주로 사용하지 않는 손으로 난선들을 그려보라. 두 눈을 감고 그리는 것도 도움이 된다.

02   곡선과 직선들의 마구 엉킨 선들을 표현해 보라.

03   완성된 선들의 모임에서 당신은 어떤 모양들을 찾을 수 있다. 커다랗게 한 가지의 모양을 찾을 수도 있고, 작고 여러 개의 모양을 찾을 수도 있다.

04   그것들을 찾아 다른 사람도 당신과 같은 모양을 볼 수 있게 덧그려 보자.

05   낙서로 시작한 것들이 무엇으로 변하는지를 잘 보라.

06   최대한 많은 모양을 찾도록 그림의 방향을 오른쪽 시계방향으로 천천히 돌려가며 탐색할 수도 있다.

07   당신이 발견한 모양들을 모두 넣어 이야기를 만들 수도 있다.

❀ **제목**

❀ **날짜** (시간)

❀ **느낌**

평소 주로 사용하지 않던 손을 사용하는 것이 어떻게 느껴지는가?

난선에서 찾은 이미지 중 주인공은 무엇인가? 찾은 이미지를 가지고 이야기를 만들어보자.

오늘 작품은 당신 내면과의 갈등이나 무의식적 갈등이 표현되었을 수도 있다.
어른의 경직된 모습과 선입견에서 탈피하여
무언가를 있는 그대로 집중할 수 있게 된 당신에게 흥분해도 좋다.
처음 의도만큼 화려하지 않아도 그런 시도를 선택한 당신에게
아낌없이 격려와 지지를 하라. 당신이기에 가능한 작업이었음을 잊지 마라.
'내가 이런 생각을 하는구나' 양손으로 자신을 꼬옥 안아주라.

21. '나'라는 역사 드라마

지금껏 걸어온 당신의 삶이 짧다면 짧고, 길다면 한없이 길 것이다. 당신 삶의 길이는 타인의 것과 견주어 숫자로 비교할 수 없는 당신만의 고단함과 추억이 배어있다. 앞서 말했듯 좋은 일이 있었다면, 고달프고 지루한 다른 면도 있었을 터이다. 그런 당신의 기억들을 온전히 허락하라. 그리고 그 사연들을 최대한 생각나는 대로 자연스럽게 표현해 보라.

🌼 **준비물**   그리기 도구

🌼 **방법**

01   당신이라는 역사극을 이미지로 표현할 것이다.

02   당신의 10대, 20대, 30대, 40대를 필름처럼 편편이 쪼개어 표현해 보라. 혹은 당신의 기억에 자리 잡은 사연들을 무작위로 표현하여 필름지에 역사 순으로 배치할 수 있다. 좋았던 기억, 아픈 기억을 충분히 감상하라.

03   완성되었다면 각각에 소제목을 붙여 보고 전체의 제목도 정해보자.

✿ **제목**

✿ **날짜** (시간)

✿ **느낌**

완성된 각각의 그림에 대한 이야기를 정리해 보자.

내면의 아이 돌보기

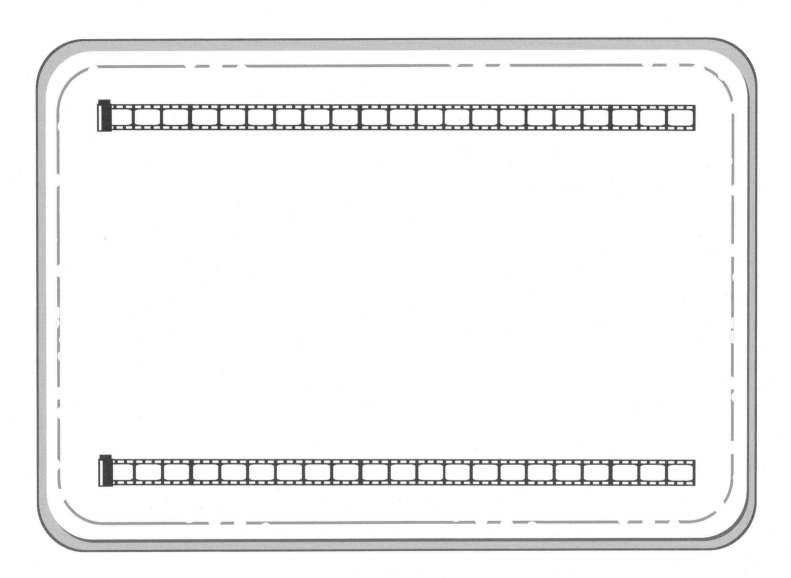

유아동기부터 지금까지의 당신 역사가 어떻게 느껴지는가?

좋았던 기억과 시리도록 아픈 기억, 덤덤했던 경험,

설레던 첫사랑, 찢기는 고통 등 다양한 과거의 이야기가 풀어헤쳐졌을 것이다.

각각의 경험을 일지에 정리하였다면,

모호하게 가지고 있던 기억이 정리되기도 한다.

뼛속 깊이 시린 기억까지 골고루 꺼내어 볼 수 있는 당신의 성장에 감사하라.

22. 세 개의 항아리

삶 속에서 저마다 추구하는 이상이나 가치는 참으로 다양한 것들로 채워진다. 나의 이상과 다른 이상을 꿈꾼다고 틀린 것은 아닐 것이다. 내 것이 소중하게 다뤄지길 소망하듯, 다른 사람도 마찬가지이기에 우리는 서로의 것을 지키기 위해서라도 타인의 것을 존중해야 하지 않을까? 교육이나 역사 속에서는 가끔씩 다른 것이 틀린 것으로 오해를 사기도 한다. 왜냐하면 교육이나 역사에는 정답이라는 것을 설정해 두어야 하기 때문이다. 그러나 차이가 차별이 될 수 없듯 다름은 틀림이 될 수 없다. 오늘은 당신이 중요하게 생각하는 가치에 대해서 살펴보자.

🌸 **준비물** 그리기 도구

🌸 **방법**

01 활동 페이지에 3개의 서로 다른 크기의 항아리를 그려보아라. 항아리의 모양이 서로 다를 수도 있다.

02 그려진 항아리의 크기와 모양을 보고 '가장 중요한 것(지키고 싶은 것)', '중요한 것(바라는 것)', '중요하지 않은 것(버리고 싶은 것)'을 항아리 상단에 표기해 보자.

03 당신 삶에 있어 가장 중요하다고 생각되는 것을 '가장 중요한 것'의 항아리에 목록으로 적어 보자. 그것을 그림으로 표현할 수도 있고, 혹은 글씨로 적어 넣을 수도 있다. 다른 항아리에도 해당되는 것을 표현해 보라.

04 완성되었다면 항아리의 주변에 필요하다고 생각되는 것들로 꾸며보라. 혹은 배경을 표현하여도 좋다.

05 당신이 완성한 항아리 중 어떤 것은 많은 것들로 표현되고, 어떤 것은 그렇지 않을 수도 있다. 그러나 걱정마라. 그것은 별로 문제가 되지 않는다. 당신의 표현에 집중하라. 당신은 왜 그 항아리에 그 항목을 선택하였는가? 당신의 중요한 항아리에는 스스로가 마음속으로 바라는 것들이 포함될 수 있다. 또한 중요하지 않은 항아리에는 당신이 버리고 싶은 것들로 채워지는 경우가 많다. 당신이 바라는 것, 지키고 싶은 것을 고수하기 위해 할 수 있는 것은 무엇인가? 당신이 버리고 싶은 것을 없애기 위한 방법에는 어떤 것이 있을까?

❀ **제목**

❀ **날짜** (시간)

❀ **느낌**

당신은 왜 그 항아리에 그 항목을 선택하였는가?

당신이 표현한 중요한 항아리에서 당신이 바라는 것, 지키고 싶은 것을 고수하기 위해 할 수 있는 것은 무엇인가?

당신이 버리고 싶은 것을 없애기 위한 방법에는 어떤 것이 있을까?

당신의 현실과 항아리 속 내용이 다를 수도 있을 것이다.
그렇다고 낙담하지 말라. 한 번에 천 리 길을 내달을 수는 없지 않은가?
지금 가장 중요하다고 생각하는 것부터 선택하고
그것에 대한 방해 요소들을 하나씩 제거해 보라.
그렇게 한 걸음씩 시작하는 것이 이치에 맞는 것이다.
더뎌도 멈추지 않을 수 있는 당신의 의지에 감사하라.

23. 너와 나의 벽

너와 나, 우리 그중에 어느 누구도 똑같은 사람은 없다. 그래서 늘 갈등이 비일비재하다. 그것을 나쁜 것으로 오해하지 말자. 충분히 그럴 수 있지 않은가? 서로 다른 사람이니 서로가 이해할 수 있는 범위도 다를 것이다. 옹졸하다고 비난할 일도, 비난받을 일도 아니다. 대신 지금껏 그런 비난 속에 살았다면 혹은 그런 비난을 잣대로 사용했다면 한 번쯤은 다르게 행동해 봐도 좋지 않을까?

🌸 **준비물** 그리기 도구

🌸 **방법**

01 활동 페이지를 접기 선*대로 접어보라.

02 당신의 대인관계에서 갈등 관계에 놓인 사람이 있다면 대표로 한 사람을 선택해 보자. 사람이 아니라 집단이라도 좋다.

03 그 갈등 관계에 있는 대상자(집단)를 접힌 종이의 왼쪽 끝에 그리고 당신 자신을 오른쪽 끝에 그려서 서로를 마주 보게 하라. 구체적인 인물 이거나 아니면 상징적인 표현도 좋다.

04 그 둘 사이에 어떤 어려움이 가로막고 있는지 접기 선을 펼치고 가운데에 표현해 보자.

05 벽돌로 표현된 둘 사이를 가로막고 있는 문제로 인하여 둘의 관계는 어떻게 더 악화되고 있는가? 그 벽돌을 제거하기 위한 노력으로는 무 엇이 있을까? 지금 당신에겐 그것을 제거하기 위한 의지나 노력이 있는가? 그와 당신 간의 공통점이나 차이점은 무엇이 있는가?

*접기 선 : ----------- 바깥 접기, —·—·—·— 안쪽 접기

❀ **제목**

❀ **날짜** (시간)

❀ **느낌**

벽돌로 표현된 둘 사이를 가로막고 있는 문제로 인하여 둘의 관계는 어떻게 더 악화되고 있는가?

그 벽돌을 제거하기 위한 노력으로는 무엇이 있을까?

지금 당신에겐 그것을 제거하기 위한 의지나 노력이 있는가?

그와 당신 간의 공통점이나 다른 점은 무엇이 있는가?

내면의 아이 돌보기

벽돌을 제거하기 위한 당신의 노력이 발견되었다면

접기 선 대로 접어 벽돌을 제거해 보라.

당신의 마음이 얼마나 평안해졌는가?

여전히 불편한 마음이 가득하다면

당신의 노력이나 의지에 대하여 좀 더 고민해 보아야 할 것이다.

본 활동을 마치고 스스로에게 아낌없이 감사와 사랑을 전하라.

전해지는 사랑만큼 당신은 더 노력하게 될 것이다.

24. 갈등 블록

모든 것이 그러하듯 당신이 느끼고 있는 갈등에는 시작이 있었다. 너무 오래되어 기억이 나지 않을 수도 있겠고, 얼마 전 일임에도 '뭐 이렇게까지?'라고 생각되는 것도 있을 것이다. 엉킨 실타래를 풀 때, 처음의 것을 발견하기 어려워 끝자락을 찾아 서서히 풀기 시작하는 것처럼 당신 갈등의 현재부터 시작해 보자. 그러면 무엇 때문에 시작된 것인지 알게 될 것이고, 그것을 알면 한결 풀기가 수월해진다.

✽ **준비물** 그리기 도구

✽ **방법**

01   의미 있는 한 사람을 선택하여 그와의 갈등을 다룰 수도 있고, 갈등 대상자 전부를 선택하여 사용할 수도 있다. 일단 당신과의 갈등 대상자를 선택하라.

02   대상자를 선택하였다면 지금 현재 그와의 갈등을 표현해 보라. 기호나 숫자에서 도형과 색 등 자유로이 표현할 수 있다.

03   첫 칸(왼쪽 상단)부터 시계방향(오른쪽)으로 한 바퀴 돌아 중앙으로 맨 처음의 분쟁을 찾아 표현해 보자.

04   활동 페이지의 9개 칸 모두 채울 필요는 없다. 당신이 사용할 수 있는 칸만큼만 사용하면 된다.

05   완성된 당신 작품에서 무엇을 느끼는가? 당신이 표현한 각각의 것들은 무슨 의미가 있는가? 반복되는 형태나 내용은 무엇인가? 표현된 것 중 가장 잘 표현되었다고 생각되는 것은 어떤 그림인가?

❀ **제목**

❀ **날짜** (시간)

❀ **느낌**

작품에서 무엇을 경험하고 느끼는가?

당신이 표현한 각각의 것들은 무슨 의미가 있는가?

반복되는 형태나 내용은 무엇인가?

표현된 것 중 가장 잘 표현되었다고 생각되는 것은 어떤 그림인가?

116

갈등을 표현했지만 그것은 당신 마음속에서 숙성된 양가적인 감정일 수 있다.

따라서 당신이 표현한 것에 대해 죄책감이나 자괴감이 든다면 떨쳐버리라.

지금 당신이 한 활동은 긍정적인 감정보다는 부정적인 부분에 초점이 맞춰져 있다.

고로 양심이나 사회규칙에서 벗어난 영역이니 지금의 표현을 맘껏 표출하라.

만약 본 과정의 작업 중 분노나 적개심이 발견되었다면

앞서 작업했던 화산작업을 시도해도 좋다.

그리고 당신이 해야 할 자기 챙김도 잊지 말아라.

5부

희망주기

당신 속에서 조그맣게 움트는 희망의 싹에
격려라는 물 주세요.

25. 쓰레기통과 재활용통

모든 것에는 부정적인 면과 긍정적인 면이 공존한다. 아마도 그래서 세상이 공평하다는 말을 듣기도 하는 것 같다. 그러한 양면은 당신의 내면에도 존재하며, 그밖에도 여러 가지 모습을 취하고 있다. 물론 상황에 따라 사용하는 모습이 다를 것이다. 그것들이 시기적절하게 출현하여 스스로를 완성하기도 하지만, 의도치 않게 습성으로 자리하여 시도 때도 없이 곤혹스러운 상황을 만드는 면들도 있지 않은가? 그래서 버리고 싶다고 말할지도 모른다. 당신이 원하는 것, 당신이 바라는 것 그것이 무엇인지 정리해 보는 기회를 가져보자.

🏵 **준비물**　그리기 도구, 잡지, 풀
🏵 **방법**

01　생활하면서 자신의 행동에 스스로 만족해하거나 대견스러워하는 부분들이 있을 것이다. 그리고 자신의 마음에 들지 않아 힘들고 곤혹스러운 부분들도 있을 것이다. 오늘은 당신이 힘들고 곤혹스러워하는 부분들을 잘 생각해 보고, 그것들 중에 버려야 할 것과 고쳐서 다시 쓸 것들을 분류해 보자.

02　즉 자신의 모습 중에서 버리고 싶은 것과 곤혹스럽게 했지만, 적절한 상황에 사용했더라면 괜찮았을 것들을 잡지에서 찾아오려 붙이거나 그림으로 표현해 보라.

03　완성된 작품을 살펴보자. 결국은 버리고자 하는 모습과 고쳐서 재사용하고자 하는 모습이 같은 것일 수도 있을 것이다. 아니면 좀 더 자신이 원하는 것에 대해 명확한 그림이 그려졌을지도 모르겠다. 당신은 지금 부정적인 당신의 모습들을 인정하고 있는 것이다. 그렇다. 그 부정적인 모습도 당신이다. 그리고 당신의 부정적인 모습을 긍정적으로 활용하기 위해 노력하고 있다. 당신의 표현처럼 조금만 고치고 다듬어서 적절한 상황에 사용하면 꽤 괜찮은 모습이기도 한 거다.

❀ **제목**

- -

❀ **날짜** (시간)

- -

❀ **느낌**

당신이 버리고 싶은 모습에서 무엇을 느끼는가?

- -

당신이 버리고 싶은 모습을 어떤 모습으로 변화시키길 원하나?

- -

당신이 재활용하고 싶은 모습에서 어떤 가능성을 경험하는가?

- -

무엇이든 누구이든 온전히 괜찮은 모습만을 취할 수는 없다.
그렇기에 부정적인 모습들을 살펴보고 그것을 긍정적인 방향으로
사용할 수 있도록 하는 작업에 참여한 당신은 제법 멋지지 않은가?
그것이 당신의 가치이다.

26. 들어서 힘이 되는 말

당신 삶이 몇 년을 지구에서 꽃으로 피고 지는지 필자는 잘 모른다. 그 세월의 길이와 상관없이 사람들은 들어서 고통스러운 말들을 각자의 마음속 돌에 깊게 새기는 경우를 많이 보아왔다. 가끔씩 자신의 말인 듯 그 험한 말들을 곱씹고 곱씹으며 자책하고 스스로를 비난한다. 그러나 그런 방법은 당신 삶에 전혀 도움이 되지 못할 것임이 분명하다. 그래서 지금껏 더 힘들고 지치며 여기까지 오지 않았던가? 이제 바꿔보자. 당신의 방법이 잘못된 것이라면 그동안 해 오던 방법과 다른 방법을 선택하는 현명함을 스스로에게 허락하라.

🌼 **준비물**   그리기 도구, 신문지나 잡지, 가위, 풀
🌼 **방법**

01   신문지나 잡지에서 당신에게 힘이 되는 문구들을 찾아보자. 어려서 부모로부터 들었던 말일 수도, 혹은 학창시절 선생님으로부터 들었던 말일 수도 있을 것이다. 그런 모든 말이 생각나지 않는다면 당신 스스로에게 들려주면 힘이 될 것 같은 말들을 선택해 보라.

02   선택한 문구를 활동 페이지에 최대한 많이 찾아서 붙여보자. 문구를 못 찾겠다면 당신의 손 글씨로 정성껏 옮겨보라.

03   완성되었다면 당신이 찾은 문구들을 큰 소리로 당신에게 들려줘라. 아나운서처럼 또박 또박 바른 발음으로 곱게 들려줘라. 같은 말이라도 톤, 뉘앙스, 상황에 따라 달라진다. 상황에 맞게 힘을 주는 말을 사용할 수 있는 것도 센스가 아닐까?

❀ **제목**

❀ **날짜** (시간)

❀ **느낌**

그동안 당신이 돌에 새겼던 놓아주어야 할 말들은 무엇인가?

들어서 힘이 되었으나 모래에 새겨 쉬이 잊혔던 말에는 어떤 것이 있는가?

당신이 들어서 힘이 되는 말을 정리하는 활동이 어떻게 느껴지는가?

앞서 열거한 말들은 당신이 들어 마땅한 소리니

조금의 의심도 없이 그대로 받아들여라.

그리고 스스로에게 대견하다며 머리 한 번 쓰다듬어 주면 어떨까?

이토록 근사한 자신을 위해 향긋한 차 한 잔을 즐겨보는 것도 좋겠다.

27. 나의 미래모습

과거는 당신의 역사이지만, 미래는 당신의 희망이다. 물론 과거와 현재를 바탕으로 꾸려지기에 당신이 그 미래를 가늠하는 것이 어렵지는 않을 테다. 지금껏 당신은 자신의 현재를 편안하게 갖고 미래를 밝히려고 노력하지 않았던가? 당신에게 당신이 꿈꾸는 미래를 허락하자. 그래야 그 미래도 힘을 내어 당신 곁에 둥지를 틀 수 있지 않겠는가?

🌸 **준비물**   그리기 도구, 잡지, 가위, 풀

🌸 **방법**

01   당신이 바라는 당신의 당당한 미래를 생각해 보자.

02   그 모습을 잡지에서 찾아 정성껏 오려 활동 페이지에 붙여보자. 하나의 모습일 수도 여러 가지의 모습일 수도 있다. 원하는 만큼 사용할 수 있다.

03   만약 잡지에 없다면 그것 또한 당연하지 않은가? 당신만의 미래이니 잡지에 없다고 실망 말고 당신이 생각한 그 미래를 정성껏 그려보자.

04   완성 되었다면, 현재와 다르게 변화된 것이 무엇인가? 당신을 행복하게 하는 것에는 어떤 것이 있는가?

❀ **제목**

❀ **날짜** (시간)

❀ **느낌**

당신이 꿈꾸는 미래의 모습 중에 현재와 다르게 변화된 것이 무엇인가?

현재와 미래에 당신을 행복하게 하는 것에는 어떤 것이 있는가?

당신이 미래에 희망하는 가장 중요한 것은 무엇인가?

당신이 표현한 미래가 어떤 것이건 의심하지 말라.

당신이 소원하는 만큼만 이뤄질 것이다.

당장 허무맹랑해 보이는 목표일지라도 당신 스스로 그것을 존중하라.

당신은 충분히 그것을 이룰 수 있는 현재를 가졌기 때문이다.

스스로에게 지지를 아끼지 마라.

28. 여름 이야기

겨울에는 모든 생물이 시작을 위한 준비를 한다. 그 준비를 토대로 봄에 생명을 열 수 있다. 꽃이 봉우리를 트듯 생명이 탄생하는 시기이다. 봄을 지나 여름이 되면 만물은 절정기에 다다른다. 무언가를 이루고 성취할 수 있는 완성의 시기인 것이다. 그것을 노년기에 다다른 가을에 추수하고 정리할 수 있다. 삶마다 이러한 계절을 한 번만 겪을 수도, 혹은 여러 번 겪을 수도 있을 것이다. 지금 당신의 삶은 어느 계절에 머물고 있는가?

🏵 **준비물** 그리기 도구

🏵 **방법**

01 당신이 경험했던 절정기이거나 꿈꾸는 절정기인 여름을 생각해 보자. 어떤 것들이 연상되는가? 당신 삶의 여름은 어떤 모습인가? 그 여름에 무엇을 꿈꾸고 농작할 수 있는가? 뜨거운 태양 볕 아래에서 두려움 없이 땀 흘리며 미래를 농작하는 당신을 상상해 보라.

02 상상한 당신의 여름을 그림으로 표현해 보자. 구체적인 그림을 표현할 수도 있고, 색이나 질감 또는 모양에 따라 추상적인 표현을 할 수도 있을 것이다. 지금껏 훌륭하게 따라오고 있는 당신의 손과 마음을 믿어라.

03 활동 페이지에 완성된 당신의 여름을 감상할 시간이다. 당신의 여름은 얼마만큼 싱그러운가? 그 여름을 위해 충분히 땀 흘리고 있는가? 그 땀의 색, 향기 등에 취해 봐도 좋을 것이고, 그 땀의 값어치를 가늠해 보아도 행복할 것이다. 그것이 당신이 꿈꾸는 당신의 목표가 아닌가?

❀ **제목**

❀ **날짜** (시간)

❀ **느낌**

당신이 표현한 당신의 여름이 얼마만큼 싱그럽게 경험되는가?

당신은 당신이 꿈꾸는 그 여름을 위해 충분히 땀 흘리고 있는가?

당신의 여름은 간절히 꿈꾸는 당신의 목표에 어떻게 기여할 것인가?

지금껏 짊어졌던 게으름은 과감히 떨쳐버리고
애써 땀 흘리며 미래를 농작하는 당신을 상상해 보라.
그리고 뙤약볕 그 뜨거움만큼 스스로를 격하게 사랑해 보자.

29. 좋은 말을 듣고 자라는 나무

하다못해 물도 좋은 말을 듣고 자라면 결정체 모양이 달라진다고 하지 않는가? 양파 또한 좋은 음악을 들려주며 길렀더니 뿌리가 곧고 예쁘게 내리더란다. 하물며 말 온도에 민감한 사람일진대, 어찌 함부로 된 말을 들려주랴? 당신에게 힘이 되는 좋은 말, 당신이 잘했던 것들에 대한 긍정적인 지지를 아낌없이 주라. 그래야 수확도 확실해질 수 있다.

🌸 **준비물**　그리기 도구, 색종이, 가위, 풀, 볼펜

🌸 **방법**

01　활동 페이지에 줄기와 가지가 있는 나무 한 그루를 그린다.

02　초록색 색종이를 나뭇잎 모양으로 여러 장 오린다.

03　나뭇잎 한 장에 당신의 강점(또는 장점) 하나씩 적어보자. 강점은 구체적이고 정서적인 것이 좋다.

04　강점이 정리되면 나뭇잎처럼 나무에 붙여보자.

05　빨강, 주황, 노랑, 보라 등의 색종이를 과일 모양이나 동그라미로 오린다.

06　오린 것에 스스로를 격려하고 지지하는 말을 써보자. 당신이 듣고 싶던 말이어도 좋다. 주의사항은 '스스로에게 인색하지 말 것'

07　다 썼다면 나무에 열매로 붙여준다. 당신의 나무가 완성되었다. 흐뭇하지 않은가?

＊활동지를 세로로 사용할 수도 있다.

❀ **제목**

❀ **날짜** (시간)

❀ **느낌**

당신의 나무를 통해 무엇을 경험하는가?

당신 자신의 지지나 격려가 어떻게 느껴지는가?

나무가 충분히 당신다운가? 나무 작업을 통해 스스로에게 들려주고 싶은 이야기는 무엇인가?

내면의 아이 돌보기

정리하고 보니 당신도 꽤 괜찮은 사람이지 않은가.

당신이 읊조리던 당신의 강점들…. 맞다. 당신은 그런 사람인 거다.

어깨를 쫙 펴고 꽤 멋진 당신을 인정하라.

그래야 당신 또한 웃으며 환영을 받을 수 있을 것이다.

스스로에게 인정을 베풀어야 남들도 당신을 업신여기지 못한다.

당신을 아끼고 사랑하는 시작은 당신을 향한 당신의 말 한마디,

눈길 한 번인 것이다. 잊지 말고 온 마음을 다하여 대견하다 격려하라.

30. 선물

어버이날에는 부모에게 선물을 하고, 어린이날에는 자녀나 조카들에게 선물을 한다. 또 생일 때마다 나 아닌 타인에게 고민 끝에 선물을 한다. 당신은 그 예쁜 마음의 주인인 거다. 그런 자신에게는 어떤 선물을 기획했던가? 가끔씩 비 오는 수요일에 자신에게 장미꽃 한 송이, 혹은 프리지어 한 다발을 선물해본 경험이 있다면 꽤나 훌륭하지 않은가? 태어나서 한 번도 자신을 위한 선물 따위를 생각도 못해봤다면 걱정 마라. 이제라도 그것들을 생각해 보고 실천하면 그만이지 않겠는가.

🏵 **준비물** 그리기 도구, 잡지, 풀, 가위

🏵 **방법**

01 지금껏 잘 따라온 당신의 성공을 위해 필요한 것은 무엇이라고 생각하는가? 당신의 마음속 간절히 바라는 것은 무엇인가?

02 그것을 잡지에서 찾아 오려보라.

03 당신을 위해 원하는 만큼 여러 가지를 오렸다면 그것들을 활동 페이지에 붙여보자.

04 당신의 작품에서 편안함이나 풍족함이 느껴지는가? 당신이 바라는 선물 그 여럿 중에서 당장 제일 먼저 필요한 것은 무엇인가? 그것을 취하기 위하여 당신이 할 수 있는 노력은 무엇인가? 그렇다. 이제 당신에게 필요한 것은 그동안 취했던 미루기나 막연함 속에 가두는 것이 아니라 적극적인 행동일 것이다. 당신이 소중하게 느껴졌다면 이제 그만 움직여보자.

❀ **제목**

❀ **날짜** (시간)

❀ **느낌**

당신 자신이 주는 선물이 어떻게 경험되는가?

당신이 바라는 선물 그 여럿 중에서 당장 제일 먼저 필요한 것은 무엇인가?

그것을 취하기 위하여 당신이 할 수 있는 노력은 무엇인가?

지금껏 포기하지 않고 잘 따라온 당신 참으로 훌륭하다.
스스로가 얼마나 대견스러운가? 양손으로 스스로를 껴안고
'애썼어', '사랑해' 하고 아낌없이 들려줘라.
당신의 마음속에 아직껏 엄지손가락을 빨며
웅크리고 있는 그 작은 아이를 위해서 말이다.

내면의 아이 돌보기

지금
당신의 모습을
그려보세요

애칭 :

좌우명 :

좋아하는 것들 :

지금 당신의 모습을 그려보세요

내면의 아이 돌보기

사례 모음

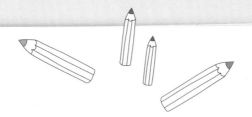

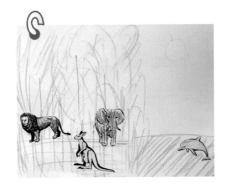

1. 나는 누굴까?

여행을 즐기는 젊은 여성이 자기를 표현한 것이다.

그녀는 자신이 무엇을 좋아하고, 무엇을 원하며, 어떤 취미를 가졌는지를 표현하여 자신에 대해 소개하고 있다.

6. 동물 가족화

사자인 아버지, 코끼리인 어머니, 돌고래인 자신, 캥거루족을 연상시키는 남동생은 캥거루로 표현하였다.

자기 멋대로 자식들을 오십이 넘도록 끼고 살면서 자기중심적으로 행동하는 어머니에게 아버지와 남동생은 등을 돌린 상태이다.

코끼리와 자신을 상징하는 돌고래의 공간을 분리하여 안전을 소망하는 상태에 대하여 이야기하였다.

8. 가족 조각

자신에게서 분리되지 못한 초등학교 고학년 두 아들을 둔 어머니의 작품이다. 그녀는 두 아이가 자신의 곁에서 서로의 자리를 다투기보다, 둘의 돈독한 사이를 보고 싶은 소망을 표현하였다.

또한 어머니인 자신이 뒤에서 두 아들의 사이좋은 모습을 감상하고 있는 모습을 표현하면서 진정한 어머니의 역할에 대해서 생각해 보게 되었다고 한다.

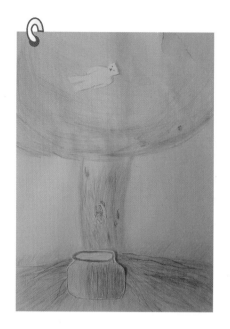

9. 가족 나무

뿌리에 자기상을 표현하였다. 권위적으로 행동하는 가족들에게서 위축감을 느끼고 있는 자신에 대해 들려주었다.

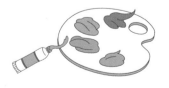

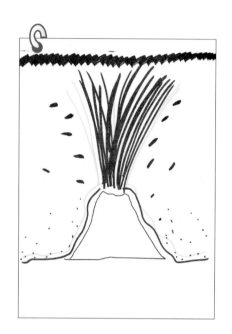

13. 화/분노

내면에 품고 있던 화/분노를 화산으로 표현하였다.
활화산으로 속에 묵혀두었던 부정 감정의 찌꺼기를 분출하고 있다.
하늘 아래에 화산재를 표현하였으며, 마커로 분출된 자신의 감정표출에서 카타르시스를 느낀다고 하였다.
안전한 장소에서 안전한 도구로 부정 감정을 표출하는 것이 때로는 카타르시스를 불러온다.

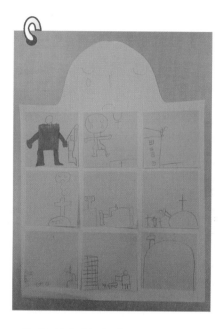

16. 불안을 부탁해

최근 자신을 불안하게 하는 것들을 표현하였다. 대부분의 그림이 죽음과 관련되어 있으며, 그는 조모의 거짓과 회유로 아버지의 죽음을 애도조차 못 하고 있다.

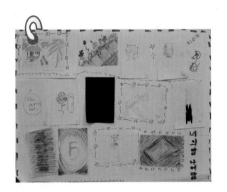

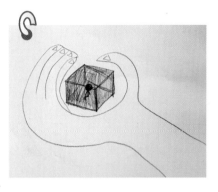

17. 감정차트

마음속에서 해결되지 않고 계속해서 떠오르는 감정들을 차트로 표현하였다. 긍정 감정과 부정 감정이 뒤엉켜 표현 되었으며, 그것들을 분리하는 것이 마음을 편안하게 만든다고 하였다.

18. 안전한 장소 만들기

현실로부터 도피하여 인적 드문 동굴에 이끼로 문을 달았다. 거처 앞쪽으로는 텃밭이 있다. 그녀는 작품을 완성한 후 자신의 표현에 감탄하며, 낮은 담을 만들더니 안전한 장소가 완성되었다며 환하게 웃었다. 세상으로부터의 경계를 의미하는 낮은 울타리를 통해 그녀는 최소한의 안전장치를 경험하게 되었다고 한다.

19. 자유롭게 내 맘대로

어머니의 손에 놓인 큐브 속에 구속으로 버거워 절망에 빠진 자기상을 표현하였다.
어머니의 커다란 손에 비해 하염없이 작은 자기상은 앞뒤 막힌 큐브 안에서 어머니의 조종대로 행동하며, 자기를 잃어가고 있다.

20. 낙서로 여는 풍경

낙서를 지양하는 교육에 익숙한 성인이 자유로이 종이를 채워가며 난선을 그리기는 쉽지 않았다. 이때 치료사의 격려와 지지를 통해 난선을 그리고 그 안에서 자신을 발견할 수 있다.

억울함을 느끼는 사람이 입을 크게 벌리고 하고 싶은 이야기를 꺼내려 하나 아무런 목소리가 나오지 않는다. 온몸으로 입으로 표현하지 못한 이야기를 하고 있으나 제대로 전달되지 않는 것 같다며 표현되지 못한 억울감을 이야기하였다.

22. 세 개의 항아리

세 개의 항아리를 통해 역할, 소원, 감정에 대한 자기 탐색을 시도하였다.

자기에 대해 인색한 그는 소원의 영역을 제일 작은 항아리로 선택하여 대수롭지 않다는 듯 표현하였다.

그는 남편으로서, 아버지로서, 사회에서 담당한 역할들을 작은 두 어깨에 짊어진 이 시대의 아버지상으로 표현한 것을 알아차리고 한참을 침묵 속에 그림만 들여다보고 있었다.

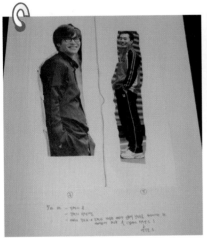

23. 너와 나의 벽

좌측에는 자기상을, 우측에는 아버지상을 표현하였다.
동생에게 사랑을 빼앗겼다고 생각하는 그는 동생에게 불운이 닥치기를 늘 기도하는
자신에 대한 죄책감을 이야기하였다.
그러면서도 여전히 아버지와의 갈등을 해결하기 위한 벽으로 동생의 존재가 등장한다.

29. 좋은 말을 듣고 자라는 나무

스스로가 느끼는 강점들과 그에 따른 자
신의 지지들을 표현하였다.
자신의 외모와 관련하여 주변에서 들었던
이야기를 중심으로 표현하였으며, 자신의
내면에 대한 강점 찾기를 어려워하였다.
 치료사가 발견한 내담자의 심리-정서적
강점 이야기를 통해 자신에 대해서 진지
하게 생각해 보는 시간이었다고 한다.

내면의 아이 돌보기

2017년 7월 19일 초판 1쇄 인쇄
2017년 7월 26일 초판 1쇄 발행

지 은 이 | 원종아
펴 낸 이 | 김영호
펴 낸 곳 | 도서출판 동연
등   록 | 제1-1383호(1992. 6. 12)
주   소 | 서울시 마포구 월드컵로 163-3
전   화 | (02)335-2630
전   송 | (02)335-2640
이 메 일 | yh4321@gmail.com

Copyright ⓒ 원종아, 2017

이 책은 저작권법에 따라 보호받는 저작물이므로
무단 전재와 복제를 금합니다.
잘못된 책은 바꾸어드립니다.
책값은 뒤표지에 있습니다.

ISBN 978-89-6447-369-6 03180